Sergio Dalla Rosa

Un prete normale

Sergio Dalla Rosa

Un prete normale

Edizione 2018

Edizioni Sant'Antonio

Cover image: www.ingimage.com

Publisher:
Edizioni Accademiche Italiane
is a trademark of
International Book Market Service Ltd., member of OmniScriptum Publishing Group
17 Meldrum Street, Beau Bassin 71504, Mauritius

Printed at: see last page
ISBN: 978-613-8-39111-1

INDICE

dedicato a tutti i miei amici preti che ogni giorno,
in silenzio, lontani dal clamore mediatico,
portano avanti con amore il loro servizio pastorale
e di cui la gente si ricorda solo quando non sono più

Prefazione

Ricordo ancora con fastidio la campagna mediatica anticlericale che ha accompagnato l'"anno sacerdotale" indetto da papa Benedetto per ricordare i centocinquant'anni dalla morte del Santo Curato d'Ars… A dar retta a certi giornali ed a certe televisioni, i preti sarebbero una genia di corrotti e corruttori, di cui si farebbe volentieri a meno…

E' vero che la gente "normale" non bada tanto ai giornali, ma dà fastidio essere messi alla gogna per colpa di qualcuno, con generalizzazioni ingiustificate. Per fortuna, qualcosa è cambiato con papa Bergoglio… soprattutto con i repulisti che ha dovuto fare sia in Vaticano che altrove.

Per questo, ho deciso di scrivere questo libretto in cui racconto la mia vicenda di prete "normale", che corrisponde a quella di molti preti, che potevano fare tutt' altro nella vita, ma hanno accettato di spendere tutte le loro energie al servizio di una vocazione misteriosa ed affascinante ad essere nel mondo strumenti, sempre inadeguati ma necessari, per fare incontrare divino ed umano.

Ovviamente, quanto scrivo corrisponde ad una vicenda unica, ma è comunque legato alla vita vera di un prete di oggi.

L'Autore

P. S. Ho firmato questo libretto con uno pseudonimo non per nascondermi perché è facile riconoscermi per chi sa qualcosa di me, ma perché voglio presentare la mia come la vicenda normale di un prete, facendo conoscere al pubblico non il prete dei films o dei romanzi, ma il prete "della porta accanto". Per lo stesso motivo ho omesso nomi di luoghi e di persone.

Capitolo Primo
Famiglia e infanzia

Sono visceralmente contrario all'aborto, anche per motivi personali. Io infatti appartengo a quegli individui che vengono al mondo per complicare la vita agli altri, ma... non lo fanno apposta.

Per capirlo, basta sapere che sono nato in un campo profughi, in Africa, durante l'ultima guerra mondiale, da una mamma poco più che adolescente ed un papà clandestino. Mio padre era in fuga dagli inglesi che l'avevano messo in un campo di concentramento provvisorio dopo la disfatta dell'esercito italiano in Etiopia, all'inizio della guerra. Era fuggito, riuscendo a raggiungere la donna che aveva sposato due anni prima, dopo un mese di peregrinazioni tra le foreste e le praterie dell'altipiano etiopico, impegnato a sfuggire agli inglesi occupanti ed agli "scifta", i guerriglieri ribelli, da sempre presenti in Etiopia, che si erano dati una patina di patriottismo, spacciandosi per partigiani in lotta contro l'occupazione italiana.

Quando mio padre era finalmente riuscito ad arrivare ad Addis Abeba, dove sapeva che i cinquantamila civili italiani presenti in Etiopia erano stati concentrati dagli inglesi, anche per proteggerli dalle rappresaglie degli indigeni, aveva cercato subito mia madre. Riuscì a trovarla presso la missione cattolica dei padri della Consolata trasformata in campo profughi. Era così mal ridotto, dopo un mese di fuga, che mia madre, voltandosi per vederlo, rispose decisa a chi glielo presentava come suo marito: "Quello lì non è mio marito!". Poi venne a più miti consigli, quando mio padre si fece riconoscere parlando di loro due e raccontando le sue peripezie. Non erano passati nemmeno due anni dalle nozze!..

In quelle circostanze io sono stato concepito, da due persone che non hanno minimamente pensato che non era il caso di mettere al mondo figli in una situazione tanto precaria, all'inizio di un conflitto che non si sapeva quanto sarebbe durato e come si sarebbe concluso.

Nacqui alla fine di quell'anno e mia madre pianse tre giorni (me lo disse lei!...) vedendomi tanto malconcio, tutto violaceo e pesante solo due chili, un etto e ottanta grammi... E il medico a consolarla, dicendole che potevo diventare più grande e grosso di lei. Mio padre invece era al settimo cielo, orgoglioso di avere un figlio maschio dopo la primogenita. Nei mesi di clandestinità approfittò della situazione e della sua abilità per mettersi a lavorare per il Negus, l'imperatore Hailé Selassié, ritornato in patria con l'aiuto degli inglesi, un aiuto non proprio disinteressato. L'imperatore, persona intelligente e colta, una volta recuperato il trono, aveva cercato di riprendere i lavori di ammodernamento del paese iniziati dagli italiani, approfittando della manodopera qualificata che essi potevano offrire. Così cercò in tutti i modi di opporsi alla loro cattura da parte degli inglesi, visto che per lui non erano più pericolosi. Mio padre lavorò per il Negus quasi fino alla fine del 1942, quando fu di nuovo catturato dagli inglesi e spedito in Kenya in un campo di concentramento terribile. Qui riscoperse la fede, o, meglio, interiorizzò la fede che già aveva ereditato dalla mamma, pregando il Signore che lo facesse tornare a riabbracciare mia mamma, mia sorella e me. Di noi riuscì ad avere notizie, attraverso il Vaticano, solo alla fine del 1943. Rimase poi prigioniero ben oltre la fine della guerra, tornando a casa nel gennaio del 1947. Noi eravamo invece stati rimpatriati nel giugno del 1942 con una nave che aveva circumnavigato l'Africa, dal momento che il canale di Suez era stato reso inagibile all'inizio del conflitto con l'affondamento di alcune navi. Quando iniziarono i bombardamenti alleati sulle nostre zone, mio nonno volle che la mamma si trasferisse da lui con noi bambini e così passammo il resto della guerra con i nonni e gli zii fino al ritorno del papà dall'Africa.

Uno dei primi ricordi che mi rimangono è quello dell'arrivo in paese degli americani nella primavera del 1945. Ricordo in particolare il latte condensato in lattine verde scuro che mi regalavano e la marmellata di albicocche, che mi sfuggiva da ogni parte una volta spalmata sul pane, tanto era liquida.

Mio padre, dopo quasi dodici anni di servizio militare, avrebbe potuto, di diritto, fare il postino o il bidello, ma rifiutò perché non si sentiva all'altezza del compito, avendo fatto solo la quinta elementare serale e così lavorò un anno come muratore alla ricostruzione di un ponte e l'anno dopo riprese la valigia dell'emigrante, questa volta in Svizzera, per ben diciassette anni. Quello che ricordo con nitidezza era il suo rapporto epistolare con mia madre. Ogni domenica mio papà scriveva una lettera alla mamma, che arrivava regolarmente il martedì. La mamma, a sua volta, gli rispondeva in settimana. Sono andati avanti così per diciassette anni. Cosa si siano scritti non riesco ad immaginarlo bene, ma certo è stato un rapporto molto intenso se la mamma diventava intrattabile nei martedì in cui non arrivava la posta per qualche disguido, per fortuna raro a quei tempi.

Ho frequentato le scuole elementari al mio paese, ma una parte della seconda l'ho frequentata in un preventorio antitubercolare, dove mi hanno ricoverato per sei mesi. Ricordo con che pazienza le suore cercavano di farmi mangiare, senza grandi risultati se sono tornato in famiglia che pesavo mezzo chilogrammo di meno di quando ero partito. In preventorio avevo contratto anche diverse malattie contagiose, come la scarlattina, la scabbia, ecc. Ricordo nitidamente che in terza elementare mio padre volle pesarmi e misurarmi in altezza: sedici chilogrammi di peso e un metro e quindici centimetri di altezza! Vi lascio immaginare la delusione di papà.

Tante malattie infantili mi devono aver creato un sacco di anticorpi se, quando arrivò la grande influenza "asiatica" del 1956, sono rimasto l'unico in piedi, immune, in tutto il seminario, dove allora eravamo un centinaio, tutti a letto.

Gli anni delle elementari sono stati belli, nonostante il papà fosse assente da marzo a dicembre perché emigrante in Isvizzera. Ricordo in particolare una maestra ed un maestro. La prima mi aveva insegnato a leggere con espressione, tanto che riuscivo a vincere quasi sempre le gare che organizzava, anche contro suo nipote che era in classe con me. Il secondo mi trasmise la passione per la Storia e la Geografia, da cui non mi sono mai liberato. Era un mago con noi ragazzi e riusciva, senza gridare, a far si che in una classe di quarantacinque (!) alunni non si sentisse quasi una mosca volare. Era così bravo a spiegare la Storia e la Geografia, che, quando voleva ottenere il silenzio, ci minacciava di non fare Storia o Geografia… Ma la parte più bella della scuola era il viaggio di andata e ritorno, rigorosamente a piedi con qualsiasi tempo, autunno e inverno compresi. La strada da casa a scuola era lunga poco più di un chilometro, ma noi ragazzi ci mettevamo anche tre quarti d'ora e più a percorrerla, specialmente al ritorno perché dovevamo "socializzare", come si dice oggi. Il che consisteva nel fare scherzi ai più buoni, evitando rigorosamente i più robusti, e nel raccontarci le nostre avventure quotidiane. Mi ricordo che nascevano anche tenere simpatie tra maschi e femmine più grandi, che mettevano in imbarazzo gli interessati, spesso bersaglio delle frecciatine feroci dei compagni. Si andava a scuola al mattino e al pomeriggio, dalle nove alle dodici e dalle quattordici alle sedici, come dovrebbe essere, se si tenessero in conto più le esigenze dei bambini che quelle degli insegnanti. A mezzogiorno, per i più poveri (ed io era tra questi) c'era la refezione scolastica, che consisteva in un piatto di pastasciutta con un po' di pane. Ci mettevo dieci minuti a mangiarla e poi via fino alle quattordici a giocare in piazza con gli amici, senza la sorveglianza di alcuno perché allora non si usava e poi, forse, non c'erano i pericoli di oggi.

Una volta però l'ho rischiata grossa. In occasione della sagra del paese avevano creato un lago artificiale bloccando l'acqua di un torrente che lo attraversava con una specie di diga di tavole appoggiate ai piloni del ponte della strada statale. Una volta finita la sagra, la diga era stata rimossa, ma l'acqua, liberatasi impetuosamente, aveva creato dei laghetti sotto le arcate del ponte. In essi erano rimaste delle barche in attesa di essere riportate ai loro padroni. Un giorno, un mio amico ed io abbiamo deciso di cimentarci nella navigazione e, dopo la refezione, siamo saliti su una delle barche, senza avere la minima nozione di come si governava. Siccome mi ero impossessato di un remo, il mio amico mi chiese di avvicinare la barca ad un pilone del ponte sul basamento del quale aveva già poggiato un piede. Sbagliai manovra e la barca si allontanò verso la riva mentre il mio sfortunato amico finiva diritto in acqua. Senza pensarci due volte, me la diedi a gambe per paura di rappresaglie. Per fortuna, l'acqua non era molto profonda e il mio amico si salvò, ma avrebbe potuto essere una tragedia.

All'inizio della quinta elementare, il maestro aveva chiesto quanti avrebbero proseguito gli studi e volle che si procurassero un sussidiario più impegnativo degli altri. Erano circa un terzo della classe, figli di commercianti e professionisti. Io, ovviamente, non ero tra loro perché allora le medie non si trovavano in paese, ma a quindici chilometri di distanza, con una spesa per la frequenza che i miei non si potevano permettere. Verso la fine dell'anno scolastico però mi capitò una cosa imprevista. Un giorno che ero andato a servir messa, cosa non frequente, il parroco mi aveva chiesto a bruciapelo se sarei andato volentieri in seminario. Ricordo chiaramente che gli dissi: "Cos'è questo seminario?" Il parroco mi rispose che, se volevo, mi avrebbe portato a vederlo con la moto. Aveva una vecchia Triumph lucente, recuperata dai soldati americani occupanti, che a me sembrava un sogno e così dissi subito di si. Detto fatto, il giorno dopo mi portò a vedere il seminario minore, dove era rettore il suo predecessore in parrocchia. Mentre loro parlavano, io mi divertii facendo scoppiare dei piccoli petardi con una stalattite trovata chissà dove. Il rettore mi fece visitare il seminario, che mi piacque. Era infatti un bel edificio neoclassico pieno di luce. Fu così che, nell'ottobre seguente, mi ritrovai in seminario.

Mia sorella insiste nel dire che fin da piccolo cercavo di dir messa e che lei mi faceva da chierichetto, ma io non lo ricordo. Penso poi che tutti o quasi i bambini, almeno una volta, hanno giocato a fare il prete. Fatto sta che prete lo sono diventato davvero ed ho ancora da pentirmi di questo. Ciò che mi preoccupa è solo il fatto che qualcuno potrebbe essersi allontanato da Dio per causa mia perché non ho saputo prenderlo dal verso giusto. Sono giunto così alla convinzione, che sembra minimalista ma non lo è, che sarebbe già una fortuna per me se nessuno si fosse allontanato da Dio per causa mia. Ma, purtroppo, non posso avere la certezza di questo.

C'è però un episodio che mi conforta sul fatto che la gente ha pregiudizi tali sui preti che non c'è niente da fare per toglierli. Un giorno stavo tornando da scuola verso la mia parrocchia di montagna ed era molto caldo. Mi sono fermato in un bar per bere qualcosa di fresco ed ero vestito da laico. Mentre mi trattenevo nel locale, mi capitò di sentire un avventore che ne diceva di tutti i colori contro i preti. Ho lasciato perdere per un po', poi gli ho chiesto: "Ma lei, quali preti conosce?" Quello mi fece un nome e allora gli chiesi se quel prete fosse un poco di buono. Mi rispose che no, anzi, e andò avanti così con riferimento a tutti i preti che conosceva. A questo punto ebbi buon gioco nel fargli notare l'incoerenza della sua posizione anticlericale di principio. Se infatti tutti i preti che conosceva erano brave persone, perché mai avrebbe dovuto supporre che " i preti" fossero dei poco di buono. Mi diede ragione e mi pagò anche da bere… Così va il mondo, anche se non ci piace.

Capitolo Secondo

In seminario

Come si sarà capito, non sono entrato in seminario grazie ad un'improvvisa illuminazione o a particolari inclinazioni ecclesiastiche. L'ho fatto perché mi è piaciuto il posto e poi mi piaceva studiare, cosa che non avrei potuto fare se rimanevo a casa, al mio paese. Mio padre, a dire il vero, mi ripeteva sempre che mi avrebbe fatto studiare, visto che ero bravo a scuola, ma dubito che ne avrebbe avuto i mezzi... Probabilmente, avrei fatto il muratore come un mio fratello e mio padre.

Trascorsi gli anni delle medie in modo sereno, anche se devo dire che aver assunto il metodo gesuitico nei seminari dopo il Concilio di Trento non è stata una grande trovata. Come si fa a tenere dei bambini di undici anni in collegio da ottobre ad aprile, senza mandarli in famiglia neanche a Natale? Eppure, così è andata per me e per quelli della mia età. A casa si andava solo per una settimana a Pasqua e per tre mesi d'estate. Ogni quindici giorni c'erano le "visite" dei parenti, che non potevano portare niente che non passasse il vaglio dei superiori. La corrispondenza era tutta regolarmente letta dai superiori, ma io non scrivevo mai e non ricevevo lettere perché mia mamma mi faceva visita ogni quindici giorni. Durante l'inverno veniva anche il papà, negli altri mesi emigrante in Svizzera, che mi domandava sempre se avevo bisogno di soldi. Il mio punto d'onore era dirgli che ne avevo ancora, ma anche in quel caso mio padre mi allungava qualche banconota di piccolo taglio. Per questo, mi sono abituato ad avere sempre del denaro in tasca ed a sapermi amministrare in modo da non rimanerne mai senza. La disciplina in seminario era rigida, ma non ne ho sofferto in modo particolare, anche perché sapevo "difendermi" con qualche bravata, sempre nei limiti del tollerato per non prendere meno di nove in condotta e, magari, rischiare l'espulsione (che allora era facile, vista l'abbondanza di "materia prima" nei seminari...). La giornata tipo prevedeva la sveglia alle 5.40, venti minuti per la pulizia personale e per rifare il letto, poi in cappella per la meditazione e la messa, quindi mezz'ora di studio, colazione e ginnastica. Alle otto iniziava la scuola che durava fino alle tredici, ora di pranzo. La meditazione era un po' il supplizio del mattino perché consisteva nel leggere e rileggere un brano di "spiritualità" spesso abbastanza melenso. Per fortuna, il sonno mi aiutava a far passare il tempo, ma dovevo far attenzione a non russare. Ho subito comunque senza traumi le molteplici pratiche di pietà, che costellavano le giornate, le settimane e i mesi di seminario. Mi viene da sorridere, per esempio, quando penso alla gioia che provavo ogni mese quando finiva il ritiro spirituale, che durava dalla sera del mercoledì al mezzogiorno di giovedì. Durante quelle ore dovevamo mantenere il più rigoroso silenzio e questo mi costava. Perciò ero contento che tutto finisse. Purtroppo, la fine del ritiro era scandita dalla benedizione col Santissimo, durante la quale il rettore, un sant'uomo anziano e calvo, leggeva un macabro "Apparecchio alla buona morte", con la descrizione delle varie fasi dell'agonia, a cui rispondevamo: "Misericordioso Gesù, abbiate pietà di me!" Ebbene, per me anche questa era una gioia. Evidentemente, la morte non mi toccava più di tanto, data l'età, anche se non era infrequente allora in seminario. Ricordo un mio amico poco più grande di me, morto per una peritonite conseguente ad una banale appendicite non diagnosticata in tempo. Del resto, a quei tempi, chi rimaneva a letto perché ammalato, vero o presunto, doveva anzitutto sorbirsi la purga con l'olio di ricino. Questo era un buon deterrente contro i malati immaginari, ma poteva trasformarsi in tragedia per quelli veri.

Devo ammettere che alle medie non ero un fanatico dello studio, anche perché mi ero abituato male alle elementari, quando riuscivo a cavarmela egregiamente senza studiare molto, tanto che, spesso, quando tornavo a casa, avevo già fatto i compiti. Per questo, in seminario dovevo inventarmi un sacco di passatempi nelle tre ore circa di studio, in silenzio, previste ogni giorno prima di cena. Non so cosa sia scattato in me quattro mesi prima dell'esame di terza media quando ho deciso, finalmente, di mettermi a studiare per fare bella figura e superare l'esame. In poco tempo recuperai le lacune e, agli esami di stato sul programma di tutti e tre gli anni, ottenni i migliori risultati di tutta la classe. Solo in Latino, Disegno ed Educazione

Fisica mi restò una misera sufficienza. Per il resto, ebbi la media dell'otto, con nove in Storia e Geografia, le mie materie preferite. Ricordo con quale ansia durante gli esami cercavo di farmi dire dal preside come erano andate le diverse prove. Ma il preside non mi diceva niente o cambiava discorso, mentre era prodigo di lodi e di notizie con gli altri. Ho capito il suo atteggiamento quando sono stati esposti i voti ed io sono risultato il migliore, cosa evidentemente impossibile per lui, che mi conosceva come uno scansafatiche. Ma aveva sottovalutato le capacità di recupero di un adolescente. Da allora ho sempre studiato con piacere, ottenendo ottimi risultati. Forse lo avrei fatto anche prima, se avessi trovato insegnanti che mi incoraggiavano invece di giudicarmi, magari a priori. Come insegnante, ho poi cercato sempre di capire i miei alunni, anche quando non rendevano secondo le aspettative, perché l'animo di un adolescente è davvero un mistero e l'adulto ha il compito di far uscire dal bozzolo che lo imprigiona, l'uomo che vi è nascosto.

Ai miei tempi, al termine delle medie, nella mia diocesi, bisognava cambiare seminario e così fui costretto a domandarmi se era il caso di farlo. Ebbi tutto il tempo per riflettere perché, durante le vacanze, fui costretto a letto per quasi un mese, con una febbre continua tra i 38 e i 40 gradi, di cui il medico, che veniva a visitarmi a giorni alterni, non sapeva trovare la ragione. Quando ormai era tornato anche mio padre dalla Svizzera, allarmato dalla mamma che, incline al pessimismo per carattere, forse pensava al peggio per me, la febbre cessò, lasciandomi come uno straccio, ma sano. Forse si era trattato di qualche malattia tropicale latente dai tempi dell'Africa, che si era risvegliata con l'adolescenza, ma ho ancora da saperlo perché allora non c'era la mutua e non si aveva la mania di guarire ad ogni costo come adesso, visto che medici, medicine ed ospedali non erano gratis. Sta di fatto che, nei due anni seguenti, crebbi di quindici centimetri, arrivando alla statura accettabile di un metro e sessantadue centimetri. Durante la malattia, lessi con avidità diversi libri, tra i quali ricordo la "Storia di un'anima", l'autobiografia di Santa Teresa del Bambino Gesù e il romanzo di Cronin "Le chiavi del Regno".

Alla fine dell'estate entrai nel seminario maggiore dove rimasi per ben dieci anni, dalla quarta Ginnasio alla quinta Teologia, salvo un anno, la terza Teologia, che passai a fare l'assistente ai ragazzi di terza media nel seminario minore, studiando privatamente.

Ricordo l'emozione che provai in prima Liceo il giorno della vestizione clericale e l'orgoglio di portare una veste che indicava chiaramente una scelta di vita. Si trattava di una scelta ripetuta ancora una volta, dopo la decisione di entrare al seminario minore e quella di passare al maggiore. La veste nera e la cotta bianca da me utilizzate erano di occasione. Le avevo infatti acquistate da un ex-seminarista, che, curiosità del destino o della Provvidenza, una volta sposato, ha avuto la ventura di avere un figlio che si è fatto sacerdote.

Alla fine del Liceo, mio padre, che non mi aveva mai detto niente sulle mie scelte, mi disse soltanto: "Se hai intenzione di andar prete, vai pure avanti, altrimenti è inutile che tu vada a studiare Teologia. E' meglio che scelga subito altro, senza perdere anni inutilmente." A dire il vero, ci avevo pensato molto e mi ero consigliato anche con il padre spirituale, non trovando motivi seri per rinunciare al sacerdozio. Mi sembrava una scelta utile per me e per gli altri, visto che le doti necessarie per fare il prete, a detta dei superiori, c'erano. Non sono riuscito a macerarmi più di tanto nei dubbi, come vedevo fare a tanti, che passavano ore a colloquio col padre spirituale, forse perché erano in crisi. Io, anzi, ero preoccupato perché non avevo grosse crisi. Con un po' di senso pratico ed anche un po' di fede, io ero (e sono ancora) convinto che nella vita c'è Qualcuno che ti insegna la strada da seguire, non con visioni o cose straordinarie, ma attraverso le circostanze. Ero convinto di non essere entrato in seminario per caso e, per uscirne, dovevo trovare una ragione sufficiente... che non riuscivo trovare. Poi, stranamente, già allora avevo vivo il senso della brevità della vita, che andava vissuta al meglio, cercando di far bene una cosa, e fare il prete mi sembrava la cosa giusta. Certo, avrei potuto fare tante altre cose belle, che mi piacevano, ma ero convinto che tutto non si può avere. Del resto, la scelta del sacerdozio mi sembrava anche umanamente gratificante, alla luce della promessa di Gesù a Pietro di avere il centuplo in questa vita, con qualche persecuzione, e la vita eterna, cosa che si è puntualmente verificata. Non ancora la vita eterna, ma il resto si...

Anche la rinuncia ad una famiglia propria non mi sembrava così grave. Non che non mi piacessero le donne, che mi sembrano davvero un grande dono di Dio per rendere più bello il mondo, ma ero consapevole che anche chi si sposa, in fondo, ne sceglie una e deve rinunciare a tutte le altre, se è onesto... Infine, la storia della solitudine del prete non mi ha mai convinto perché sentirsi soli dipende dalla capacità o meno di comunicare della persona. Ci sono persone "sole" anche sposate e sempre in mezzo alla gente per il lavoro che fanno e ci sono persone che non sono mai sole, anche in un deserto, perché aperte agli altri.

I dieci anni del seminario maggiore sono passati in fretta e mi hanno permesso di farmi un buon bagaglio culturale. Non ricordo di essere andato impreparato a scuola se non due o tre volte in tutto perché studiare per me era diventata una gioia, soprattutto in Teologia, quando ho avuto la fortuna di seguire giorno per giorno le discussioni del Concilio Vaticano II. Ricordo che nei primi giorni i comunicati ufficiali erano così striminziti che ci fu una vera rivolta della stampa internazionale, tanto che, dopo poco, i responsabili accettarono di rendere pubbliche le discussioni, riportando nei comunicati stampa, che io ho seguito assiduamente su "La Civiltà Cattolica", i nomi degli intervenuti in aula e il contenuto dei loro interventi. L'aver seguito il Concilio quasi in diretta ha creato in me ed anche nei miei compagni di studio grandi aspettative di rinnovamento della Chiesa, con conseguente delusione di fronte all'immobilismo post-conciliare. Penso sia stato questo il motivo più profondo dell'abbandono del sacerdozio da parte di un numero significativo di sacerdoti della mia età, oltre al fatto che la teologia dei ministeri, soprattutto ordinati, non è stata pienamente sviluppata dal Concilio, al di là dell'affermazione dei tre gradi dell'Ordine e del ripristino del diaconato permanente, anche coniugato. I preti si sono sentiti schiacciati tra le figure del vescovo, ben identificato per la pienezza dell'Ordine e del laicato, promosso ("senza esami", come si usa spesso sottolineare…) ad un ruolo di protagonista nel popolo di Dio che è la Chiesa.

Ringrazio il Signore di aver avuto un grande teologo come insegnate di Dogmatica, che mi ha aiutato a fare il passaggio da una teologia scolastica vecchio stile alla nuova teologia conciliare, vista come sviluppo di intuizioni lasciate in ombra, anche se presenti, nella teologia precedente. Ricordo che un giorno è entrato in classe come faceva di solito ed ha scritto sulla lavagna la tesi che avrebbe spiegato, secondo il metodo scolastico, con affermazioni della Scrittura, dei Padri della Chiesa, del Magistero e con argomentazioni razionali. La tesi era la seguente: "Cristo ci ha salvati con la sua morte in croce." Noi, curiosi lettori di alcuni testi della nuova teologia d'Oltralpe, che mettevano in luce il valore salvifico della Risurrezione di Cristo, abbiamo contestato la tesi, convinti, come dicevamo scherzando, che "tutti sono capaci di morire, ma risorgere è un'altra cosa…". Il professore menò il can per l'aia tutta l'ora per capire quanto eravamo preparati e la volta seguente entrò in classe e scrisse sulla lavagna: "Cristo ci ha salvati con la sua morte in croce" poi si girò verso di noi e, ridendo, continuò: " e con la sua risurrezione". Quindi ci tenne una splendida lezione, che non ho mai dimenticato, dimostrandoci che tutti i libri che avevamo letto noi, li aveva studiati anche lui ed era in grado di farci una sintesi davvero magistrale.

In seminario, partecipavo volentieri a tutte le iniziative, accettando incarichi di servizio, che mi permettevano un po' di evasione. Per un anno, ad esempio, ho tenuto il "Botteghino", una specie di spaccio interno di cancelleria e prodotti vari per i miei compagni, ai quali non era permesso uscire. Il ricavato del "Botteghino" andava, ovviamente, a finanziare attività del seminario. Mi ricordo di aver spesso contrattato dei buoni sconti sui prodotti che comperavo all'ingrosso, imparando a fare anche il commerciante. Così pure aderii al Terz'Ordine Francescano e feci parte del consiglio del Circolo Missionario. Siccome mi piaceva scrivere, finivo sempre per essere scelto come segretario dei vari gruppi, con l'incarico, non invidiato ma per me piacevole, di verbalizzatore delle sedute.

Un'attività che mi piaceva molto in Seminario era fare teatro. Lo si faceva in particolare per la festa della mamma, ma anche in altre circostanze. Ricordo ancora l'emozione di rappresentare i diversi personaggi delle operette e dei libretti prodotti in grande quantità soprattutto dai salesiani. Il teatro rompeva un po' la monotonia della vita di collegio. C'era anche un'altra attività che veniva incoraggiata, lo studio di uno strumento musicale, soprattutto dell'armonium, che però si svolgeva durante la ricreazione. Provai anch'io per qualche mese a cimentarmi nell'impresa, ma, evidentemente, non avevo grandi soddisfazioni e così preferii dedicarmi ai soliti giochi piuttosto che faticare per improbabili carriere artistiche.

In terza Liceo, forse per aver studiato al freddo la sera nel mio camerino in vista degli esami di maturità, mi sono preso una polmonite con infiltrazioni polmonari, che avrebbe consigliato il ricovero in Sanatorio. Riuscii ad evitarlo curandomi in famiglia, dove il papà aveva predisposto una stanza solo per me. Ricordo una cura intensa con iniezioni quotidiane, non molto piacevoli, di streptomicina e dodici compresse al giorno di nicizina per tre mesi e più, continuata poi a lungo con dosi di farmaci meno massicce e controlli radiologici per anni. Dopo un mese di letto, mi alzai e, rimanendo sempre in casa, ripresi intensamente lo studio, in modo da non perdere l'anno. Nel frattempo, ero riuscito, d'accordo col papà, che era in Svizzera a lavorare, a vendergli la casa, ottenendo il prezzo che voleva, sufficiente a costruirne una nuova, più funzionale. Avevo anche predisposto un progetto di massima, passato poi al geometra per le pratiche relative. In autunno la casa era pronta, anche se mancava la facciata esterna. Probabilmente, l'edilizia l'avevo nel sangue perché tutti i miei antenati sono stati muratori da secoli. La cosa mi è stata utile anche come parroco, ma è una seccatura perché, se vedo che c'è da fare un intervento edilizio in qualche casa di cui sono responsabile, non riesco ad aver pace finché non arrivo a farlo...

Il seminario è stato per me davvero utile ad una formazione interiore basata sulla concretezza e la serenità. Del resto,la compagnia degli altri mi è sempre piaciuta, pur amando anche la solitudine. Quando ho letto in un monastero la frase "O beata solitudo, o sola beatitudo!” (“O beata solitudine, o sola beatitudine!”) sono quindi rimasto un po’ perplesso, ma nell’ex-monastero dove vivo oggi verifico che la solitudine può dare davvero anche la felicità.

Capitolo Terzo

I primi anni di sacerdozio

Terminati gli studi sono stato ordinato sacerdote e due giorni dopo, festa dei santi Pietro e Paolo, ho celebrato la Prima Messa Solenne in parrocchia. Finalmente ero giunto alla meta!

Passai due mesi in famiglia e ad aiutare il mio parroco. Quindi venni destinato come vicario cooperatore in una grossa parrocchia di montagna dove avevo un collega che mi adorava ed un arciprete un po' complessato, che, l'ho scoperto dopo, era geloso di me. Insegnavo Religione alle medie del paese e spartivo fraternamente la paga con il mio collega vicario. Allora non c'erano l'8xMille e il sistema di sostentamento del clero... Le offerte delle messe le teneva l'arciprete per il vitto e l'alloggio. Allora si diceva "Missa pro mensa" ("La messa per il cibo"). A scuola avevo un preside ex-partigiano, rosso come un gambero, che aveva la mania di rifare il mondo con metodi da Gestapo o da Gulag, come preferite. Nessuno fiatava perché, a quel tempo, tutti erano precari e dipendevano dalla sua nomina annuale. Io, che ero nominato d'intesa col vescovo, mi sentivo più sicuro e allora qualche volta contestavo durante i "collegi docenti", dando voce anche ai colleghi, ma... mi sbagliavo. L'anno dopo mi ritrovai infatti in un'altra parrocchia, sempre come vicario, trasferito con la scusa che così "ero più vicino alla mia famiglia". In realtà, preside e arciprete si erano coalizzati per eliminare un rompiscatole e l'autorità ecclesiastica si era adeguata. Mi venne in mente la figura manzoniana del conte zio ("sopire... tagliare.. tagliare... sopire"). L'anno seguente il preside venne denunciato al Provveditore da un altro insegnante lasciato a casa ingiustamente. Si fece un'inchiesta alla quale partecipai anch'io dicendo la verità, ma tutto si concluse con un nulla di fatto perché, ovviamente, il preside aveva appoggi in alto loco.

Nelle nuova parrocchia decisi di fare a modo mio, senza guardare tanto alle forme, visto che a fare il bravo cappellano mi ero guadagnato il trasferimento… tanto, peggio non poteva andarmi!.. Scelsi di stare vicino ai giovani, andando nei luoghi dove si trovavano, cioè i bar e facendo anche le ore piccole perché, stranamente, i discorsi più seri con i giovani vengono fuori sempre dopo la mezzanotte. Erano gli anni della contestazione del '68 anche contro l' enciclica Humanae Vitae di Paolo VI ed io facevo del mio meglio per difendere la Chiesa e i valori cristiani, con scarso successo devo dire, se la maggior parte dei giovani che frequentavo allora sono poi confluiti nei diversi movimenti di Sinistra, anche estrema. Ma la questione del "tradimento dei chierici" cioè degli intellettuali italiani buttatisi a pesce a sinistra (come prima si erano prostituiti al Fascismo), trascinando con loro le giovani generazioni di studenti, non esperti della vita e ignari dei gulag e di altre nefandezze del comunismo, è una cosa ancora da approfondire. I miei giovani allora stavano volentieri insieme e diedero vita anche ad un circolo laico che chiamarono "Amici club", adattando a sede per gli incontri un locale dato loro in comodato dal comune. Erano simpatici e li ricordo con nostalgia, anche nella loro impertinenza. Una volta, per esempio, mi sono ritrovano a fare una bella gita a San Marino con una corriera mezza vuota. Era successo che una ragazza nubile di trentasei anni, che voleva partecipare alla gita, non era stata accettata dal gruppo perché "troppo vecchia". Lei se l'era legata al dito ed aveva sobillato le mamme di un paese vicino, insinuando che avessimo intenzione di fare chissà che. Queste non ci avevano pensato due volte a proibire alle figlie, già iscritte alla gita, di parteciparvi. Allora le cose funzionavano così, ma noi ci siamo divertiti ugualmente un mondo, con una corriera mezza vuota, scoprendo tra l'altro la bontà del sangiovese …

Durante quegli anni ho frequentato il neonato Istituto di Liturgia Pastorale di Padova e sono poi stato inviato dal vescovo a frequentare la Facoltà Teologica dell'Italia Settentrionale a Milano, appena aperta. Partivo dalla parrocchia il martedì mattino di buon'ora e tornavo nella tarda serata del giovedì. Ho avuto così modo di ristudiare tutta la Teologia, aggiornata alle acquisizioni del Concilio. Durante l'anno di frequenza a Milano, mi accorsi di un certo provincialismo dei milanesi, anche in Teologia, tipico di chi è grande e pensa di non aver bisogno di nessuno. Così decisi di trasferirmi a Roma alla Pontificia Università Lateranense, dove ho respirato l' aria del mondo ed ho ottenuto prima la Licenza e poi la Laurea in Teologia con specializzazione in Pastorale. Ritengo una grande grazia aver potuto studiare nella Città Eterna, in un periodo della vita che ricordo con tanta nostalgia, tanto che a Roma torno sempre volentieri.

Ritornato in diocesi, il vescovo voleva utilizzarmi nella pastorale giovanile, ma davo fastidio con i miei titoli di studio a qualcuno "laureato" che riuscì a manovrare in modo tale da farmi nominare parroco nella più sperduta parrocchia montana, lontana dal centro diocesi. Non vi ero nemmeno arrivato che mi venne chiesto da un altro responsabile diocesano di insegnare Religione nel capoluogo, distante oltre venti chilometri, presso una scuola cattolica, che non era ambita da nessuno perché pagava gli insegnanti la metà della scuola statale. Accettai volentieri l'incarico perché mi permetteva di pagare la domestica. Ricordo ancora che guadagnavo trentasei mila lire al mese a far scuola. Ventiduemila servivano per la paga della domestica, ottomila per le assicurazioni sociali obbligatorie e seimila per la benzina, che costava ancora poco, prima del cosiddetto schok petrolifero del 1972. Con la congrua, una piccola pensioncina che lo Stato dava allora ai parroci di parrocchie povere, le offerte delle messe e le offerte in natura dei parrocchiani vivevo discretamente, ma senza scialare, tanto che, quando fui costretto a cambiare l'auto, passai da una Seicento ad una Cinquecento, che costava meno e consumava ancora meno.

L'anno seguente pensavo di avere ancora l'incarico di Religione, ma non fu così perché alla scuola avevano trovato un'altra soluzione, senza neppure avvisarmi. Feci allora notare che potevo anche insegnare Lettere o Filosofia con i miei titoli di studio, in base al Concordato, e così mi offrirono di insegnare Latino in due quarte Magistrali, un incarico che tutti avevano, comprensibilmente, rifiutato. Come si fa infatti a preparare bene agli esami di maturità in Latino (allora le Magistrali avevano solo quattro anni di corso…), con tre ore alla settimana di scuola, alunne che spesso mancavano delle basi più elementari di conoscenza della lingua? Ma… quando uno è nel bisogno, fa di necessità virtù. Così entrai in classe e domandai subito alle ragazze: "Vi piace il Latino?". Ottenni un coro di: "Nooo!" Allora continuai: "Neanche a me piace, ma dovete prepararvi agli esami ed io vi aiuterò meglio che posso". Devo dire che questa captatio benevolentiae sortì il suo effetto, tanto che le ragazze non sfigurarono all'esame di Latino più che nelle altre materie. Continuai ad insegnare Lettere alle Magistrali e alle Medie per quasi trent'anni e, contemporaneamente, Religione nelle scuole pubbliche, cambiando secondo le richieste dei superiori (Medie, Istituto Professionale, Itis, Liceo Classico). Da quando ho avuto l'incarico part time di Religione alla scuola pubblica, ho sempre insegnato gratis nella scuola cattolica perché i genitori pagassero meno. Ero comunque anche parroco ed ero stato incaricato di dirigere gli uffici diocesani Catechistico e di Pastorale Familiare, così non avevo modo di annoiarmi. Come si può capire, tutti questi incarichi contemporanei erano possibili perché la mia era una diocesi piccola, che è stata infatti accorpata ad un'altra con la riforma del 1986.

Provai anche l'esperienza di avere una famiglia da organizzare perché mio padre morì improvvisamente a sessantacinque anni, lasciando mia madre, undici anni più giovane di lui, sola con un figlio di dieci anni. Non potevo certo abbandonarli e così li presi in canonica ed iscrissi mio fratello alla scuola media dove insegnavo Lettere, per averlo sott'occhio. Cresciuto con genitori anziani, mio fratello non era di facile gestione. Questo mi è servito per capire i problemi dei genitori, che non mi sono mai permesso di giudicare. Penso infatti che educare è una specie di terno al Lotto, in quanto le componenti che entrano in gioco sono tanto numerose che è impossibile prevedere come andrà. Ricordo sempre il fastidio che provavo comunque anche da giovane sentendo le filippiche contro i genitori del mio vecchio parroco. Mi veniva spontaneo pensare: "Prova tu ad avere un figlio, magari discolo, e ad educarlo come si deve…".

Sacerdoti e genitori dovrebbero in ogni caso parlarsi di più e fare fronte comune per superare quella che viene oggi definita "emergenza educativa", ma senza colpevolizzazioni reciproche. La stessa cosa vale per gli insegnanti. Del resto, se crediamo che Dio è Padre e, pur facendo l'impossibile nel vero senso della parola, si ritrova con figli come gli uomini, come noi, possiamo consolarci…

Capitolo Quarto

L'esperienza pastorale in parrocchia

Ho avuto la fortuna di vivere in parrocchia, full o part time, quarant'anni ed è stata l'esperienza più bella della mia vita, anche se non priva di problemi (ma, se no, che vita è?). Come ho già detto, ho fatto il viceparroco in due parrocchie. Poi sono stato parroco per sette anni in una piccola parrocchia di montagna. Quindi ho retto per cinque anni una parrocchia un po' più grande alla periferia di una cittadina. E' seguita l'esperienza di una parrocchia-hobby di duecento abitanti, quindi la conclusione dell'esperienza di parroco in una parrocchia di cinquemila abitanti con un viceparroco.

Quando è mancato il papà, volendo tenere con me la mamma e il fratello senza che si sentissero troppo lontani dal loro paese, ho accettato di trasferirmi dalla prima alla seconda parrocchia, dedicandomi anche alla Catechesi ed alla Famiglia, a livello diocesano. Dopo pochi anni, il vescovo mi fece la proposta di dedicarmi solo alla scuola ed agli uffici diocesani. Ho accettato, anche perché non sarei riuscito a tenere anche la parrocchia facendo 22 ore di scuola alla settimana. Alla domenica, sostituivo qua e là i parroci malati o che avevano comunque bisogno di aiuto (senza grandi soddisfazioni però...). Così, quando il vescovo mi chiamò e mi chiese di far servizio fisso in una mini parrocchia accettai subito, anche perché non avevo l'obbligo di trasferire la residenza. A dire il vero, sono rimasto un po' perplesso di fronte al modo usato dal vescovo per incaricarmi della parrocchia. Mi chiamò e mi chiese: "Alla domenica non fai mica scuola, vero?" "No, Eccellenza." risposi. E lui: "Allora fammi un piacere, va a fare il parroco a... perché non so chi mandare". Cosa potevo rispondere ad un vescovo che, oggettivamente, aveva bisogno di me, ma, non avendo mai fatto il parroco, non si rendeva conto che in una parrocchia, pur piccola, non bastava solo andare a dir messa la domenica? E' stata comunque la parrocchia che mi ha dato più soddisfazioni.

Nel frattempo, la mia diocesi era stata accorpata ad un'altra ed io avevo perso il posto di direttore dell' Ufficio Catechistico Diocesano. Lo scoprii dal settimanale diocesano che aveva pubblicato la nomina del responsabile del settore catechesi nella "nuova" diocesi, senza che nessuno mi avesse detto niente. Nella chiesa succede anche questo. Senza prendermela, andai dal vescovo e gli dissi: "Ho visto dal giornale che non sono più direttore dell'Ufficio Diocesano per la Catechesi, e allora cosa sono adesso?" A questo punto il vescovo non sapeva che pesci pigliare, anche perché avevo aggiunto: "Io ero direttore di un ufficio diocesano. Se la diocesi era piccola, non era colpa mia ed ora che è sparita, io ci sono ancora, vivo e vegeto ed ho solo 45 anni. Lei si sente meno vescovo di quello di..., che ha una diocesi quattro/cinque volte la sua?" Naturalmente, il vescovo dovette convenire con me di non aver fatto le cose bene ed allora non sapeva più cosa propormi per scusarsi. Dopo alcuni giorni mi chiamò e mi disse, visto che parrocchie di una certa importanza non erano disponibili: "Potresti fare il direttore dell'Ufficio Diocesano di Pastorale Familiare. E' importante sai la pastorale familiare...". Dissi di si, sia perché non c'era tanto da scegliere, ma anche perché ho sempre creduto all'importanza della famiglia nella pastorale. Quando ho accettato l'incarico non avevo a disposizione nessuna struttura. Quando l'ho lasciato, dopo undici anni, avevo procurato un ufficio attrezzato e un Centro Famiglia nel capoluogo, dove organizzare iniziative per fidanzati, sposi ed animatori della pastorale familiare e dove ha sede tuttora un Consultorio Familiare di ispirazione cristiana.

Ero da dieci anni direttore dell' Ufficio Diocesano di Pastorale Familiare nella nuova diocesi, più grande, quando dissi al vescovo (che nel frattempo era cambiato) che non intendevo finire i miei giorni in quell'incarico. Ritengo infatti un bene per la chiesa il cambiamento dei responsabili dei diversi uffici, dopo un certo tempo. Io penso che siamo tutti limitati, ma, per fortuna, abbiamo limiti diversi e così, cambiando, possiamo compensarci a vicenda. Il Vescovo non disse nulla, ma l'anno seguente mi chiamò e mi propose di tornare parroco. Feci presente che ero stato parroco in tre parrocchie di piccole dimensioni e che non intendevo ripetere la stessa esperienza: avrei voluto infatti lavorare insieme ad altri sacerdoti in una parrocchia più consistente per fare nuove esperienze. Il vescovo annuì e mi propose due parrocchie abbastanza popolose. Scelsi quella più grande per essere sicuro che non mi avrebbe lasciato senza un aiuto e così è stato.

Ho fatto un'esperienza davvero bella, ma ho notato che proprio i fedeli più vicini alla parrocchia, spesso, sono quelli che capiscono di meno, dal punto di vista ecclesiale. Hanno solo esigenze e vogliono insegnare il mestiere al prete, cosa che non si permetterebbero di fare, che so?, col medico, col farmacista o col falegname. Non hanno la coscienza che il sacerdote per la chiesa è "dono e mistero" per usare un'espressione di San Giovanni Paolo II. Forse per questo molti giovani rinunciano a fare i preti, anche se sentono la vocazione, intuendo che tale scelta li condanna ad una certa solitudine... e sappiamo quanto i giovani oggi aborriscano la solitudine. Ho trovato però anche tanta cordialità e tanto affetto, vere amicizie, che hanno abbondantemente compensato la supponenza di altri.

Un chiodo fisso che ho avuto è stato quello di dare un volto missionario alla parrocchia perché mi ha sempre impressionato nella pastorale il fatto che il 90% delle energie noi preti le sprechiamo all'interno della comunità dei frequentanti e trascuriamo spesso proprio quelle attività tradizionali che possiamo definire "missionarie" perché fatte a tappeto. Mi riferisco in particolare alla visita alle famiglie per la cosiddetta "benedizione annuale". Si tratta di un lavoro massacrante in una parrocchia con duemila famiglie, ma l'ho sempre fatto, personalmente o con l'aiuto dei vicari parrocchiali. La difficoltà della visita alle famiglie è anche di tipo logistico, in quanto è difficile indovinare l'orario giusto, ma mi sono accorto che, avvisando il giorno prima con un biglietto che sarei passato in un determinato orario e specificando che ero disponibile anche in momenti diversi su appuntamento, riuscivo ad incontrare ogni anno tre quarti delle famiglie. L'avviso previo permetteva anche ai pochi che non volevano incontrarmi di non farsi vedere... La difficoltà più grande però è di tipo psicologico, in quanto non siamo abituati ad andare incontro a rifiuti o, peggio, alle male parole e preferiamo rimanere nel nostro guscio "tanto sanno dove sono, se mi vogliono incontrare". E' l'esatto contrario dell'ordine di Cristo: "Andate in tutto il mondo e fate discepole tutte le genti..." Non ha detto: "Aspettate che vengano a chiamarvi...".

Potrei raccontare molti episodi che mi confermano l'utilità della visita annuale alle famiglie.

Una volta sono entrato in una famiglia che sapevo particolarmente allergica alla religione. Al capofamiglia, che conoscevo bene fin da bambino e che mi ha aperto la porta, ho detto: "Io sto facendo il solito giro per le famiglie. Da qualche parte bevo, in altre benedico. Qua, cosa devo fare?" E l'altro, pronto: "Bere, poh!". Così abbiamo bevuto un bicchiere di vino. In seguito ogni anno lui mi aspettava per il brindisi ed io ho sempre pensato che si incomincia con un brindisi e poi non si sa mai dove si può finire. Anche Zaccheo era salito sull'albero solo per curiosità, ma poi abbiamo visto com'è andata...

Un'altra volta sono entrato nella casa di un vecchio capo partigiano, comunista, molto impegnato in politica, ma incapace di far del male ad una mosca, almeno a me è sembrato così. Quando infatti sua nipote, che viveva con lui, aveva bisogno di uccidere un pollo o un coniglio per mangiarli, doveva farlo approfittando della sua assenza, tanto era allergico al sangue, fosse pure di un animale. Ebbene, in una delle mie visite, che lui gradiva molto, entrato in confidenza, gli ho chiesto a bruciapelo: "Ma secondo lei, che ha tanta esperienza di vita, Dio esiste o no?". Lui mi guardò fisso negli occhi e, dopo un lungo silenzio, mi rispose: "Non so se c'è un Dio, ma non mi sembra molto importante perché, se c'è, sarà senz'altro contento che uno si comporti onestamente, aiutando il prossimo e non facendo del male a nessuno". Sono stato al suo funerale, civile. Eravamo in due preti, io ed un confratello anziano che aveva fatto la Resistenza con i suoi giovani dell'Azione Cattolica assieme al defunto. Mentre un suo commilitone partigiano ha fatto un bellissimo discorso sottolineando le qualità umane del defunto, un esponente dell'allora Partito Comunista l'ha buttata in politica con discorsi che non c'entravano niente col momento. Un mio parrocchiano, passandomi accanto mentre tornavo dal cimitero mi ha sussurrato: ”Meglio i nostri funerali…”.

Ho insistito anche nel dare o far recuperare un'identità religiosa specifica alla parrocchia, facilitato in questo dal fatto che una era la parrocchia della mia giovinezza. Ho ripristinato processioni e devozioni andate in disuso, come le rogazioni in primavera, la processione dell'Addolorata in settembre e la Via Crucis durante la quaresima. Ho assecondato le sagre nelle diverse frazioni in onore del loro Patrono, una realtà in grado di mobilitare, una volta l'anno, anche i più lontani dalla Chiesa. Se non arrivavano alla messa, facevano almeno qualche lavoro materiale per la sagra, il cui ricavato avrebbe permesso di coprire le spese per il mantenimento della chiesetta. Nella parrocchia più grossa che ho servita le sagre servivano infatti a tenere in piedi ben sedici chiesette, alcune anche di pregio. Ho portato nelle case ogni anno, in occasione della visita alle famiglie, un libretto che richiamasse le radici religiose del paese, parlando delle chiesette o dei parroci che mi avevano preceduto.

Purtroppo, la gestione economica della parrocchia è spesso gravosa, ma la gente si fida del prete, a lui dà le offerte, da lui vuole che partano le iniziative anche materiali e questo, a volte, occupa troppo tempo, che sarebbe meglio speso per visitare gli ammalati e incontrare la gente. Si tratta di un problema che non saprei come risolvere, ma è un problema vero. Una cosa che dà da pensare è il fatto che la gente non difende gli interessi materiali della parrocchia, se c'è da lottare, e, se il prete lo fa, magari con ragioni più che valide, non lo approva. Forse la gente pensa che, almeno il prete, deve seguire l'ordine di Gesù di porgere l'altra guancia. Ma a questo punto potrebbero essere i superiori a riprenderti perché non hai difeso gli interessi della Chiesa…

Ciò che mi ha fatto sempre impressione poi è che la gente non va dal prete per parlare di religione o per consigliarsi, eccetto quando va a confessarsi, ma per questioni burocratiche o devozionali (avere un certificato, ordinare una messa, accordarsi per un battesimo o un funerale…). Mi è capitato raramente che qualcuno prendesse appuntamento per parlare di religione e così mi sono spesso sentito come un farmacista che non riesce a vendere neppure una pillola. Per me, questo dipende dalla concezione intimistica che la gente ha della religione, come fatto privato insindacabile. C'è nel campo religioso un "fai da te" che fa paura. Dopo duemila anni di Cristianesimo, noi preti non siamo riusciti a far passare l'idea biblica che è Dio che prende l'iniziativa e a noi spetta soltanto cercare di capire cosa vuole da noi, ascoltandone la Parola e i Portavoce autentici, non inventandoci quel che è giusto e quel che è sbagliato.

Eppure, facciamo catechesi a tappeto per otto-dieci anni, con intensificazione degli incontri in occasione dei sacramenti dell'iniziazione cristiana. Probabilmente, bisognerà cambiare strategia e puntare sul "fare" più che sul "sapere": facile a dirsi più che a farsi, specialmente se manca la collaborazione dei genitori, in tutt'altre faccende affaccendati.

Non siamo riusciti, noi preti, soprattutto, a far passare nei fedeli la "novità" del Cristianesimo, cioè il messaggio di un Dio immensamente buono, che ci viene incontro, che si fa nostro compagno di viaggio incarnandosi e che muore per noi in croce perché "non c'è amore più grande di colui che dà la vita per la persona che ama". La nostra gente è onesta e buona, in generale. E'cristiana perché battezzata, ma per il resto è tutto da vedere. E pensare che la fede in Cristo vivo, che è con noi fino alla fine del mondo, potrebbe darci tanta pace e tanta sicurezza in una vita complicata come quella che siamo costretti a vivere oggi!

Capitolo Quinto

La pastorale familiare nella mia vita di prete

Come si sa, la pastorale familiare ha avuto un notevole sviluppo dopo il Concilio Vaticano II, sia per merito dei documenti pubblicati dai papi e dai vescovi, sia per i rivolgimenti culturali e giuridici che hanno interessato la famiglia in questo periodo.

Io ho avuto il privilegio di interessarmi di pastorale familiare fin dai primi anni del mio sacerdozio. Il grande problema di quegli anni era la preparazione al matrimonio dei fidanzati, in cui si impegnava in particolare l'Azione Cattolica, allora molto fiorente. Ricordo che i "corsi di preparazione al matrimonio" nati dopo il Concilio consistevano in una serie più o meno lunga di conferenze con degli esperti, in genere un prete, un medico ed un esperto di diritto, che insegnavano quanto bisognava sapere sul matrimonio, sia religioso che civile. L'illusione era quella tipica della cultura classica, che bastasse "sapere" per "essere".

I rivolgimenti a cui ho accennato sopra ci hanno disilluso. Abbiamo iniziato con la delusione del divorzio, approvato a maggioranza con referendum, abbiamo proseguito con l'aborto, approvato da una maggioranza ancora più grande di quella per il divorzio e abbiamo continuato registrando convivenze *more uxorio* generalizzate, che hanno ridotto a cosa rara la celebrazione del matrimonio, sia in Chiesa che in municipio, conseguenza di un cultura sempre più individualistica e del rifiuto generalizzato delle nuove generazioni di prendersi le proprie responsabilità. Qualcuno ha parlato di "bamboccioni" che rimangono in famiglia oltre i quarant'anni, anche se sono indipendenti dal punto di vista economico. Il permissivismo morale fa la sua parte, legittimando l'uso disinvolto della sessualità, fuori del matrimonio ed anche di responsabilità procreative. Possiamo solo constatare che, per fortuna, la gente non ha smesso del tutto di fare figli, anche se questo avviene, spesso, fuori del matrimonio. L'istinto di sopravvivenza fa così la sua parte in un modo quasi animalesco di prendere la vita...

Di fronte a questa situazione, la Chiesa è stata madre e maestra, pubblicando bellissimi documenti, che hanno illustrato chiaramente la dottrina sul matrimonio cristiano, apparso così nella sua bellezza come scelta di vita che ci avvicina a Dio e ci fa, anzi, diventare il volto visibile dell'amore di Dio attraverso il sacramento. Io ho partecipato a decine di convegni di studio sul matrimonio e sono stato responsabile diocesano della pastorale familiare per oltre vent'anni. Ho visto quindi il cambiamento di prospettiva, culminato con la pubblicazione nel 1993 del Direttorio per la pastorale familiare in Italia preparato per conto della Cei dall'Ufficio Nazionale della Pastorale Familiare. Purtroppo, molte parti del documento sono ancora lettera morta perché manca un impegno corale dei laici e dei preti. Molti preti preferiscono andare avanti col solito tran tran, piuttosto che mettere la famiglia al centro del loro lavoro pastorale, cosa che scombussolerebbe la loro vita, ma darebbe loro anche tanta più soddisfazione. E' perfino difficile trovare preti che si adattino a collaborare negli itinerari di preparazione al matrimonio, delegati volentieri alla pastorale familiare diocesana o zonale.

Come direttore dell'Ufficio diocesano di pastorale familiare, ho messo in piedi le strutture essenziali, che ora ci sono nella mia diocesi (ufficio, centro famiglia, consultorio), ma c'è ancora un grosso sbilanciamento dell'impegno pastorale sul versante della preparazione immediata al matrimonio, a scapito di altri momenti. Ho anche pubblicato un sussidio per la preparazione al matrimonio, che ha avuto un certo successo a livello nazionale. Mi sono accorto però che manca spesso nelle nostre comunità la preparazione remota al matrimonio. E' inoltre carente la pastorale postmatrimoniale, che potrebbe aiutare a prevenire i fallimenti, tanto diffusi, dei matrimoni. Non c'è un impegno serio ad aiutare le coppie in crisi, anche con strumenti giuridici. A mio parere, molte coppie in crisi lo sono perché hanno fatto un matrimonio invalido, pur in buona fede. La validità del matrimonio va verificata, non supposta, ed è un dovere pastorale farlo. Ma noi siamo poco attrezzati per questo, nonostante la volontà espressa di papa Francesco, che ha anche promulgato nuovi strumenti giuridici per questo.

Dovrebbero però essere le coppie cristiane sposate a proporre iniziative pastorali per la famiglia. Ho infatti osservato che, se un'iniziativa parte dalla base ha successo, mentre se parte dall'alto difficilmente riesce. Purtroppo, i nostri laici sono ancora molto clericodipendenti, quando gli fa comodo.

Bisogna comunque che tutta la pastorale sia più a modello di famiglia e meno efficientista, perché la famiglia è quanto di meno efficiente esista. Basta pensare a quante volte gli sposi sono costretti a cambiare i loro programmi perché i figli fanno i capricci, si ammalano, sono bocciati, hanno altre esigenze, ecc. Allora, secondo me, fa meglio una bella "festa della famiglia" in cui tutti si sentono protagonisti felici, anche quelli delle cosiddette famiglie irregolari, che non una serie di incontri formativi, che colpevolizzano sposi, genitori e figli (senza togliere nulla agli incontri formativi, che pur bisogna cercare di fare). Tutti infatti, se ci confrontiamo con l'ideale cristiano, ci accorgiamo della nostra lontananza da esso. Ma tutti sappiamo quanto è esigente il progetto di Dio sulla coppia e sulla famiglia. Anche gli apostoli lo avevano capito se Pietro ha reagito alle parole di Gesù sull'indissolubilità del vincolo matrimoniale dicendo: "Se questa è la condizione dell'uomo rispetto alla donna, non conviene sposarsi!". A quel punto, Gesù non ha attenuato la sua idea, ma ha aggiunto: "Non tutti lo comprendono!"

Bisogna quindi insistere sulla grandezza della scelta matrimoniale, che non è una vocazione di serie B, ma una vocazione che richiede "una misura alta" di santità, né più né meno che le altre vocazioni, religiosa o sacerdotale, di cui la famiglia ha estremo bisogno e che la famiglia deve suscitare. Utopia? Può darsi, ma anche amare i nemici e pregare per quanti ci perseguitano non mi sembrano uno scherzo. Eppure Gesù ce li ha ordinati.

Ciò che complica ulteriormente il lavoro con la famiglia è il fatto che vengono richieste competenze molteplici agli operatori pastorali, che però, secondo me, si acquisiscono più con l'esperienza di vita insieme alle famiglie che con tanti libri. Dobbiamo abituarci ad osservare i comportamenti altrui con un occhio di simpatia, mettendoci nei panni degli altri e crucciandoci se non riusciamo ad immedesimarci. Questo viene percepito inconsciamente dagli interessati, che sono poi più disposti ad ascoltarci. Nessuno infatti ha la verità in tasca, ma nessuno è disposto a credere che gli altri siano migliori di lui.

Oggi comunque la pastorale familiare è particolarmente difficile perché sono mancate le "evidenze" di un tempo, dopo scelte più che discutibili fatte dai nostri politici senza pensare alle conseguenze. Il diritto crea infatti una mentalità. Se la legge permette una determinata cosa, vuol dire che è lecita. Ma, dal punto di vista morale, non è detto che sia così. Il matrimonio è caratterizzato dal rapporto stabile e riconosciuto giuridicamente tra un uomo e una donna. Altre forme di convivenza non c'entrano col matrimonio, checché se ne dica, anche se nessuno vuole o può proibirle. Ha fatto scalpore la frase di papa Francesco sugli omosessuali ("Chi sono io per giudicare?..."), ma il papa voleva solo dire che l'atteggiamento giusto verso chi non è in linea con l'insegnamento della Chiesa non è quello del giudizio di condanna, ma è quello dell'accoglienza (che non significa giustificazione). Così pure sull'aborto è inutile scomunicare, serve invece far gustare il fascino e la bellezza di una vita che nasce, comunque sia arrivata. Vanno poi create comunità accoglienti in grado di supplire al tanto egoismo e individualismo che caratterizza la nostra epoca.

Capitolo Sesto

Il rapporto con i superiori

Il mio rapporto con i superiori è sempre stato lineare. Siccome non son capace di fingere, qualche volta mi sono anche scontrato con l'autorità, ma mai tanto da perdere il buon umore. E sono riuscito comunque sempre ad ubbidire senza grandi sforzi, anche se i superiori non hanno mai fatto quello che ho chiesto loro.

Al seminario minore devo essere stato piuttosto vivace. Infatti ho mantenuto per tanto tempo un cattivo ricordo di un assistente, che invece, quando l'ho incontrato anni dopo da adulto, ho trovato persona squisita. Era la prova che ero io una peste, se avevo fatto incattivire anche chi non avrebbe fatto del male ad una mosca. Ricordo, tra l'altro, di avergli riso in faccia perché mi aveva apostrofato dicendomi: "Non fare lo smargiasso!…". "Smargiasso" per me era una parola sconosciuta, che mi fece ridere a crepapelle, con grande disappunto dell'assistente, che se n'era andato, spiazzato, non sapendo che pesci pigliare.

Ricordo invece con riconoscenza un assistente che mi aveva dato fiducia, concedendomi perfino un dieci in condotta non del tutto meritato. Ebbene, per lui mi sarei gettato nel fuoco…

Al seminario maggiore non ricordo di aver molto disturbato né i superiori in foro esterno, né il direttore spirituale. Una volta sola mi sono scontrato col rettore, che ci insegnava Storia. Era entrato infatti in classe e, senza preavviso, aveva iniziato a dettare delle domande per un'interrogazione scritta, a risposta immediata, che noi chiamavamo "saggio-fulmine". Siccome non avevo capito bene una domanda piuttosto ambigua, avevo alzato la mano per chiedere spiegazioni. Il professore aveva risposto in malo modo :"Scrivi!". Io non mi ero dato per vinto e avevo continuato a tenere la mano alzata e, al secondo ordine di scrivere, avevo replicato: "Non mi sembra una cosa fuori del mondo chiedere una spiegazione!". A quel punto il professore mi aveva espulso dall'aula con un minaccioso: "Fuori!..". Mi sono alzato, ho detto silenziosamente la preghiera e sono uscito. Ho passato il resto dell'ora passeggiando nei chiostri del seminario, fantasticando sulle conseguenze del mio gesto. Pensavo: "Se mi mandano a casa, cercherò qualche altro seminario...". Ero comunque preoccupato. Per fortuna, nel pomeriggio il rettore mi chiamò in stanza chiedendomi scusa per aver perso la pazienza, cosa che mi edificò molto.

Quanto al direttore spirituale, lo frequentavo soprattutto per la confessione, ma non avevo tanto da dirgli e mi meravigliavo che altri stessero a colloquio per delle ore. Io sono sempre stato convinto che bisogna utilizzare al meglio la vita che abbiamo, facendo il bene che ci sentiamo di fare, senza accontentarsi del troppo poco, ma anche consapevoli che non saremo noi a risolvere tutti i problemi del mondo. Del resto, non è che in una sola vita che abbiamo si possano fare tantissime cose...

Come prete, ho sofferto un po' della ristrettezza dell'ambiente, dove, per dirla con i contadini, c'erano troppi galli nel pollaio e chi avrebbe dovuto tenerli a bada, cioè il vescovo, non riusciva a farlo.

Ricordo ancora il mio primo vescovo, colui che mi ha ordinato sacerdote, un sant'uomo tutto d'un pezzo, che neppure immaginava gli intrallazzi dei "notabili" di allora. Di fronte ad un mio sfogo per come venivo trattato dal mio parroco, mi disse sconsolato: "Cosa vuoi che faccia?". Io gli risposi: "Niente, eccellenza. Avevo solo bisogno di sfogarmi..." Allora si sentì sollevato e mi accompagnò alla porta, sorridendo.

Un'altra volta, era venuto ad amministrare la cresima in parrocchia e mia mamma gli aveva preparato il pranzo. Io mi trovavo allora in un paese di montagna piuttosto scomodo da raggiungere per mia mamma, che avrebbe voluto venire più spesso a farmi visita, ma era un problema con i mezzi pubblici. Ad un certo punto, mia mamma, durante il pranzo, disse al vescovo: "Ma, eccellenza, non aveva una parrocchia più lontana da dare a mio figlio?". E lui: "No, no, signora: questa è la più lontana..." Ovviamente, non aveva colto l'ironia della domanda. Era davvero "un uomo", che non sopportava ingiustizie. Saputo da me che i viceparroci erano sotto pagati, in una riunione del clero, dispose il quasi raddoppio della paga, dopo aver avuto conferma di quanto da me denunciato con una lettera.

Il secondo vescovo che ho avuto era un uomo di curia, abituato ad uno stile formale, che è l'opposto del nostro modo di fare di montanari. Forse ha anche sofferto nel nostro ambiente un po' ristretto, abituato a girare il mondo come diplomatico o alla ricchezza culturale di Roma con la sua Curia. Qualche confratello non l'ha proprio sopportato ed è entrato in collisione con lui. A me invece è andata bene perché mi ha sempre dimostrato stima e, quando gli sono servito, ha saputo dove trovarmi. Aveva la cattiva abitudine di far intravvedere dei vantaggi di carriera a chi lo assecondava, cosa che a me dava fastidio. Ha comunque sempre apprezzato il mio lavoro, anche se non ho minimamente cercato la carriera. Ho sempre pensato infatti che, se avevo voglia di avere successo, bastava che avessi seguito la tradizione di famiglia nell'edilizia. Non dico che sarei diventato un Berlusconi, ma certo qualcosa avrei combinato, visti gli anni favorevoli. Se avevo scelto di andar prete vuol dire che avevo altri interessi, un po' più nobili penso.

Il terzo vescovo era innamorato della parrocchia e non vedeva tanto di buon occhio il lavoro di curia. Siccome mi stimava, mi fece fare l'esperienza pastorale in una grossa parrocchia, con tutte le gioie e i problemi che questo comporta e di cui ho parlato.

Attualmente sono già al quinto vescovo perché il quarto è durato solo tre anni e non ha potuto fare gran che, essendosi ammalato pochi mesi dopo il suo ingresso.

Siamo quasi coetanei e ci conosciamo da ragazzi. Non lo invidio perché oggi fare il vescovo è davvero difficile, per la scarsità di preti e, soprattutto, per la loro fragilità. I preti più giovani infatti hanno bisogno di sentirsi valorizzati, altrimenti entrano in crisi. Non hanno avuto occasione di "farsi le ossa" né in famiglia né in seminario e, quindi, il vescovo deve avere un tatto particolare e non so quanto persone della mia età sono in grado di capirlo. La mia generazione è cresciuta infatti a sculacciate e pesci in faccia, ma non ne ha fatto una tragedia, anzi... Abbiamo capito presto che non bisogna cercare troppe soddisfazioni nel lavoro perché, come dice Gesù, "siamo servi inutili".

Quello che mi è mancato di più non è il rapporto coi superiori, ma quello con i confratelli con i quali raramente ho sperimentato la fraternità "sacramentale" di cui parla il Concilio Vaticano II.

Capitolo settimo

Il rapporto con i confratelli

Il decreto "Presbyterorum ordinis" del Concilio Vaticano II parla di fraternità "sacramentale" dei presbiteri per indicare che i sacerdoti, con l'ordinazione, entrano a far parte di un'unica famiglia, il presbiterio, e devono sentirsi ed agire come parte di essa. E' un'affermazione ineccepibile dal punto di vista dogmatico, ma contraddetta dalla prassi pastorale, soprattutto nelle zone di montagna.

Secondo il concilio dunque, un prete che agisce solo individualmente è una contraddizione in termini perché è parte di un presbiterio, ma non lo dimostra praticamente. Eppure, ancora oggi, a cinquant'anni dal Concilio, la maggior parte dei preti agisce in modo individualistico, senza particolari problemi. Questo a me ha invece creato problemi, tanto che ho sempre desiderato un incarico che mi obbligasse a condividere con altri fratelli nel sacerdozio il mio lavoro e gli anni più belli che ho passato sono stati quelli in una grossa parrocchia con uno o due sacerdoti collaboratori, ma anche gli ultimi anni in una piccola comunità.

Sono quindi convinto che i vescovi dovrebbero organizzare il lavoro pastorale in modo da creare gruppi di preti che lavorano insieme, cercando di mettere come coordinatori preti tolleranti e non maniaci della precisione, capaci di accettare come collaboratori anche confratelli con dei limiti e disposti a farsi carico di questi limiti con la supplenza.

Io posso dire di essere andato d'accordo nel lavoro pastorale con tutti i miei confratelli, ad eccezione di un paio, che hanno fatto di tutto per danneggiarmi, forse per invidia. Quando ho avuto collaboratori preti ho sempre chiesto loro quello che volevano fare. Quello che non facevano loro, lo facevo io e così siamo sempre andati d'accordo. Mi ha particolarmente gratificato il rapporto con i miei giovani vice parroci che continuano a farmi visita a distanza di anni. Non ho avuto però grandi amicizie sacerdotali e non mi sono creato sostenitori, tanto che sono entrato nei consigli diocesani sempre per scelta del vescovo e mai per elezione dei confratelli (ero sempre tra i primi non eletti, ma...non eletti!). Questo però è dovuto probabilmente al mio carattere non molto diplomatico e alieno dalle chiacchiere. In compenso, devo dire che i vari vescovi che si sono succeduti in diocesi, quando hanno avuto bisogno di me, hanno sempre saputo dove trovarmi ed io ho cercato di fare del mio meglio per accontentarli, convinto che il vescovo, al di là di tutto, ha un carisma particolare di guida nella chiesa. La frase di Gesù "Tu sei Pietro e su questa pietra edificherò la mia chiesa" si riferisce senz'altro al papa, ma vale anche per tutti i vescovi nella loro chiesa particolare, se abbiamo un po' di fede. Io dico sempre che, per un cattolico, il vescovo è una persona con cui bisogna sempre fare i conti, bene o male. Anche il vescovo però è un uomo, più o meno dotato, con il suo carattere, ma, come vescovo, va sempre rispettato per il suo ruolo.

Secondo me, i preti dovrebbero stare di più insieme. Per questo cerco di non mancare mai ai diversi appuntamenti previsti per la formazione. Anche se non sempre sono proficui, lo stare insieme è per me la cosa più importante. Stando insieme ci si conosce e ci si capisce di più e lo scambio di idee ci arricchisce. L'efficientismo è quello che ci rovina e rovina la pastorale. Certo, essere efficienti può dare soddisfazione, ma non è detto che porti più frutti del calore umano di chi non sa parlare molto forbitamente ma sa visitare gli infermi e gli anziani e perdere tempo con i bambini. Gesù ci insegna: "Lasciate che i bambini vengano a me..."

Per quanto riguarda la formazione del clero, la cosa che mi pare più carente è la cura delle qualità umane del prete. In seminario ed anche negli incontri per i preti si parla tanto della Bibbia, della Fede e delle virtù teologali, ma poco delle virtù cardinali e umane in genere. Io penso invece che, prima di tutto, un prete dev'essere un "uomo", maturo e sereno. Se ha grossi problemi suoi, come può infatti aiutare gli altri? Invece, ho osservato che, a volte, è la comunità a farsi carico delle debolezze del prete, scusandolo sempre con un: "Poverino!...". Non mi sembra giusto, anche se fa onore alle comunità. Purtroppo, oggi i candidati al sacerdozio entrano in seminario che sono già praticamente adulti e questo non facilita il compito degli educatori.

Mi dispiace solo che sono diventato vecchio senza vedere un qualche risultato apprezzabile delle riforme del Concilio Vaticano II per quanto riguarda il clero. I preti sono ancora individualisti come cinquant'anni fa ed anche la cosiddetta "pastorale d' insieme" sembra di là da venire. Del resto, neanche i laici hanno capito il loro ruolo, soddisfatti di essere stati promossi dal Concilio, ma... senza esami! Non c'è infatti la corsa ad una vera formazione religiosa o all'impegno nella pastorale. Io ho fondato una Scuola di formazione teologica proprio per i laici, ma, dopo alcuni anni di una buona frequenza, forse perché serviva per entrare nell'insegnamento di Religione nelle scuole, gli alunni sono drasticamente diminuiti. Anche i membri delle associazioni ecclesiali non si sono precipitati a frequentarla.

Forse il Signore permette che diminuiscano i preti, per costringere i pochi che restano a lavorare insieme e a valorizzare altri ministeri come il diaconato, oltre che obbligare i laici a prendersi le proprie responsabilità.

Proprio con i diaconi, di cui sono stato incaricato di occuparmi in quanto Delegato vescovile, ho avuto modo di intessere buone amicizie. Ho notato però che conciliare le esigenze dell'Ordine e quelle del Matrimonio non è facile. Una moglie, se non è una santa, difficilmente rinuncia al primo posto nella vita del marito. Ogni concorrenza, sia pure di Nostro Signore, è vista con sospetto. Eppure, avremmo bisogno proprio dei diaconi per avvicinare maggiormente la chiesa al popolo di Dio. Forse bisognerà trasformare il diaconato in una vera professione pagata col Sostentamento del clero, non com'è oggi, una specie di hobby per il tempo libero o per pensionati.

Poi c'è anche il problema del rapporto tra diaconi e preti, che è quasi sempre difficile in quanto la figura del diacono stenta ad essere riconosciuta nel suo valore dai sacerdoti. Ho presente il caso limite di un diacono, che ha avuto un figlio prete e parroco. Ebbene, non ho visto che il figlio abbia mai chiesto al papà di essere aiutato nella pastorale, per esempio nella visita alle famiglie. E ne avrebbe bisogno. Io penso invece che proprio il rapporto con i diaconi e le loro famiglie sarebbe utilissimo al prete per avvicinarsi di più alla concretezza del vivere. Per fortuna, i vescovi incominciano ad utilizzare meglio i diaconi che hanno, non solo nella Liturgia, ma soprattutto per il servizio della carità. Questo è il loro specifico fin dall'inizio ed è un aspetto della Chiesa per me ancora troppo trascurato, nonostante le grandi emergenze in materia (poveri, profughi, ecc).

Capitolo ottavo

L'esperienza scolastica

La scuola è stato l'ambiente che ho frequentato di più nel corso dei miei anni di prete. Ho iniziato insegnando Religione alle medie statali come vice parroco, poi, dopo una pausa dovuta agli studi universitari, ho ripreso ad insegnare per ventinove anni passando da una scuola all'altra, secondo le circostanze e le richieste dei superiori. Ho così potuto insegnare Religione, oltre che alle medie, anche alle magistrali, alle professionali, all'Itis ed al liceo classico. Ho pure insegnato Italiano, Latino, Storia e Geografia alle magistrali parificate, oltre a Italiano, Storia e Geografia alle medie parificate. Coscienziosamente, mi sono fatto l'abilitazione all'insegnamento di Materie Letterarie e Latino per le superiori e Materie Letterarie per le medie.

Devo ammettere che la scuola mi ha dato tanta soddisfazione, anche se il primo anno ho avuto a che fare, come ho detto, con un preside molto bene intenzionato, ma fanatico.

Con gli alunni ho sempre avuto un ottimo rapporto, ma confesso di aver fatto molta più fatica ad insegnare Religione che Lettere, anche perché, nelle scuole statali, si tratta di una materia a scelta e c'è sempre la necessità di "tenersi i clienti" come si dice in gergo commerciale. Questo può essere anche pericoloso perché può portare allo svilimento della materia con un livellamento verso il basso. Per me non è successo perché nella scuola statale ho avuto la fortuna di insegnare in due istituti tecnici in cui i ragazzi si sentivano ignoranti in cultura generale e quindi erano interessati ad ascoltare le mie lezioni che li aiutavano ad allargare i loro orizzonti. Al liceo ho poi adattato il programma di Religione al programma che i ragazzi svolgevano in Italiano, Storia o Filosofia e gli agganci non mi sono mai mancati: basti pensare a quanta religione si può fare insegnando Dante o il Manzoni o a quante questioni che interessano religione e morale emergono nello studio della Filosofia o della Storia.

Ricordo con tristezza il clima disfattista degli anni Settanta del secolo scorso, con i ragazzi che "facevano sciopero" per protesta contro tutto... Da noi, il '68 è arrivato infatti negli anni Settanta. Naturalmente, per noi professori era una perdita relativa: si firmava il registro mettendo "tutti assenti" e si andava a casa. Ma non è stato un bene per i ragazzi. Io, quando tornavano, cercavo di farli ragionare perché capissero che vittime del loro sciopero erano solo loro, che perdevano scuola, ma, purtroppo, avevano dei cattivi maestri in alcuni professori di sinistra che li usavano. Ai ragazzi dicevano che, anche se studiavano, poi non avrebbero trovato un lavoro adeguato e avrebbero al massimo fatto gli operai in fabbrica. E io a dire ai ragazzi che non si studia per trovare un lavoro, ma per aprire la mente e, magari, inventarselo, il lavoro. Ho avuto la soddisfazione che qualcuno mi ha preso sul serio ed ora è un affermato imprenditore, magari in campi non molto attinenti con gli studi fatti. Ricordo il caso di un mio alunno dell'Iti, che, avendo avuto la fortuna di avere in regalo da uno zio, un alberghetto di montagna, si è improvvisato albergatore, ma ha imparato così bene il mestiere da acquisire, pochi anni dopo, una grande birreria, tipo i locali bavaresi dove ha migliaia di clienti ogni settimana ed un centinaio di dipendenti. Evito di frequentare il locale perché non mi lascia mai pagare... Non ho mai perdonato comunque ai miei colleghi professori quel loro schierarsi come pecore secondo la moda. Cosa serve avere una cultura se non a ragionare con la propria testa? Cosa serve di più ad un uomo di cultura che la libertà di pensare come vuole e di manifestare liberamente il suo pensiero e, magari, anche di cambiare idea, se lo ritiene opportuno? Come può un vero intellettuale sostenere ideologie totalitarie? Eppure, in quegli anni di antifascismo militante, molti insegnanti non si vergognavano di dichiararsi comunisti o anche più estremisti. E i nostri cattolici che stavano zitti o si mimetizzavano... Io ci ho messo tre anni a scoprire che una collega insegnante era cattolica ed iscritta ad un'associazione ecclesiale. Ma non ci voleva molto a fare, come ho fatto io più volte, qualche viaggetto nel "paradiso comunista" dell'Est Europa e rendersi conto di persona di come andavano le cose… Ricordo che una volta, con un amico comunista sfegatato, sono andato in Romania, ai tempi di Ceaucescu. Per entrare alla frontiera ci abbiamo impiegato oltre cinque ore, dalle 17 alle 22.15. E c'erano solo una cinquantina di auto in attesa, ma rovistavano tutto minuziosamente, senza fretta. Quanto è toccato a noi, ci hanno fatto scaricare l'auto e, vedendo che eravamo italiani dal passaporto, hanno commentato ridendo: "Italiani? ah, mafia…". Il mio amico ha cercato di protestare, ma sono riuscito a zittirlo dicendogli: "Guarda che qui non siamo in Italia. Ti mettono dentro per niente e buttano la chiave". Il male di noi italiani infatti è che pensiamo che sia dappertutto come da noi e non ci rendiamo conto che la libertà che c'è in Italia se la sognano altrove, anche in paesi civilissimi e vicini a noi. E' per questo che ci sono italiani in tutte le carceri dei paesi turistici, con notevole impegno delle nostre ambasciate a tirar fuori dai guai i nostri concittadini imprudenti.

Ci siamo poi accampati alla bel e meglio in un campeggio sporchissimo e il mio amico si è accorto di cos'era il comunismo reale quando, per mancia, chi ci ha aiutato a portare la nostra roba ci ha chiesto del sapone… Dovevamo fermarci in Romania per tre giorni, ma il giorno dopo non c'è stato verso di convincere il mio "compagno" a rimanere e siamo tornati in Iugoslavia, rimettendoci anche cinquemila lire al cambio, obbligatorio, della moneta in uscita perché il dollaro era balzato improvvisamente, per un giorno, a milleduecento lire dalle sette o ottocento lire usuali.

Eccetto per tre anni in cui avevo bisogno di guadagnarmi da vivere, nelle scuole parificate ho sempre insegnato gratuitamente. E' stato il mio modo di protestare contro un'ingiustizia che c'è quasi solo in Italia: il fatto che chi non vuole la scuola statale deve pagarsi di tasca propria interamente l'alternativa, anche se si tratta di scuole parificate a quelle statali. Politici di varie estrazioni hanno promesso di rimediare alla cosa, ma non si è fatto niente (o ben poco), anche se si è approvata una legge sulla parità scolastica. In Italia del resto la maggior parte della gente è così abituata al monopolio statale nella scuola, presente da sempre, che non si rende conto che limita la libertà ed è a scapito della qualità della scuola stessa. Se ci fosse concorrenza tra scuole diverse, tutte gratuite, le cose cambierebbero perché quelle inefficienti chiuderebbero. Da noi invece la gente cambia scuola, facendo magari viaggi lunghi. Per esempio, nel mio caso, io ho notato che l'istituto tecnico dove insegnavo negli anni settanta del secolo scorso, in cinque anni, è passato da sedici a otto classi perché la gente iscriveva i figli in altre scuole, magari di altre città, per protesta contro una classe insegnante ideologizzata, che strumentalizzava i ragazzi. Lo stesso istituto, cambiato il preside e il clima politico, è poi arrivato a contare fino ad oltre quaranta classi...

A me dispiace che, complice anche la diminuzione del numero, ma, soprattutto, il fatto che c'è il "sostentamento del clero" i sacerdoti che insegnano nella scuola, anche solo Religione, sono rimasti davvero pochi. Penso infatti che la vera "pastorale giovanile" si fa andando dove ci sono i giovani e non coccolando un gruppetto di fans, come succede troppo spesso nelle nostre parrocchie. Senza dire che la presenza di un prete nella scuola è molto utile anche ai colleghi insegnanti. Io devo ammettere di aver avuto grosse soddisfazioni con i miei colleghi. In particolare, una preside che aveva una cultura classica straordinaria e che sembrava lontana dalla religione, mi ha sempre dimostrato stima e fiducia. Mi aveva voluto insegnante nella sua scuola, chiedendolo espressamente al vescovo. Nei collegi docenti, quando c'era da prendere qualche decisione importante riguardo agli alunni che avevano problemi, lasciva parlare tutti e poi chiedeva: "E don Francesco cosa dice?". Il mio parere era poi determinante nelle decisioni. Una volta in pensione, si ammalò di tumore e, con mia grande sorpresa, prima di morire mi volle al suo capezzale per gli ultimi sacramenti. Non volle funerali pubblici, che per lei erano una grossa manifestazione di ipocrisia e così ne presiedetti le esequie "private", cioè con pochi parenti ed amici e senza epigrafe, nella cappella dell'ospedale dov'era morta.

La scuola resta comunque per me uno strumento indispensabile di educazione e mi dispiace solo che in Italia non si sia riusciti ancora ad arrivare alla libertà di scelta tra scuole di diversi orientamenti, egualmente finanziate dallo stato, che dovrebbe solo stabilire i contenuti indispensabili da trasmettere.

Capitolo nono

La vita in un santuario

Da qualche anno mi trovo in un santuario antico e bellissimo, con annesso un convento un po' meno antico, che è stato trasformato in casa religiosa di accoglienza ed ospita attività di carattere spirituale o culturale.

Quando il vescovo mi ha chiesto di lasciare la parrocchia per dedicarmi ad un santuario, ho accettato con entusiasmo, sia perché sentivo il peso della parrocchia data la mia età ormai non più giovane, sia perché ho sempre creduto nel valore pastorale dei santuari. Le parrocchie sono preziose perché "coprono il territorio", ma non possono essere l'unica espressione della pastorale. C'è bisogno infatti anche di curare aspetti particolari, che richiedono una certa specializzazione. I parroci, secondo me, sono come i medici di famiglia e non possono venire incontro a tutte le esigenze religiose della gente. Per questo servono anche gli uffici diocesani, le associazioni ecclesiali e, appunto, i santuari.

Qual è la funzione dei santuari nella chiesa?

E' quella di essere insieme memoria di un avvenimento o di persone importanti del passato e luogo privilegiato perenne dell'incontro con il sacro.

Il santuario di cui sono rettore custodisce, da oltre nove secoli, le reliquie di due martiri del secondo secolo. Sorge su un luogo elevato e, probabilmente, sostituisce un precedente edificio religioso molto meno imponente, che faceva da cappella per un castello, che occupava il posto del convento, costruito alla fine del Quattrocento con il materiale di demolizione del castello.

Nonostante la posizione un po' periferica, il santuario è visitato ogni anno da oltre diecimila persone, provenienti da tutti i continenti. Molti sono discendenti di emigrati locali nella seconda metà dell'Ottocento, che vengono a visitare i luoghi dei loro antenati. Molti altri arrivano quasi per caso e restano ammirati di trovare un gioiello artistico nascosto in mezzo alle montagne. Del resto, il santuario è davvero straordinario. Per questo è stato insignito del titolo di Basilica ed è anche Monumento Nazionale.

Il complesso monumentale è stato accuratamente restaurato negli ultimi cinquant'anni. Ora si presenta ai visitatori in tutta la sua bellezza con dipinti che vanno dal 1200 al 1500, tra i quali alcuni giotteschi. Il convento è stato trasformato in casa d'accoglienza religiosa con 25 camere tutte dotate di servizi interni. Purtroppo, l'utilizzo della struttura è piuttosto limitato ed è antieconomico, visti le regole e gli adempimenti fiscali ai quali bisogna adeguarsi.

Recentemente, è stato curato il parco circostante che si estende per quasi diciotto ettari. Sono stati ripristinati vecchi sentieri. E' stato ripulito il bosco. Sono state poste apposite bacheche didattiche che illustrano la ricchezza della flora, ma parlano anche un po' della storia e della devozione popolare. Sono stati sistemati tavoli e panche per chi vuole sostare in mezzo al verde. Ci sono anche dei capitelli da sistemare e pian piano lo faremo. Ritengo infatti che, in un mondo caotico come quello in cui viviamo, la chiesa possa davvero offrire le sue strutture e il suo aiuto a chi vuole ritrovare se stesso e Dio con l'aiuto della natura. Sono poi particolarmente felice quando posso ospitare sacerdoti e famiglie per qualche giorno di relax, invitandoli a partecipare alla vita della nostra piccola comunità composta da due sacerdoti. Appuntamenti spirituali fissi quotidiani sono la messa con la recita dell'Ora Terza al mattino ed il Vespero la sera, ai quali invitiamo pure gli ospiti.

Da qualche tempo, il santuario è stato scoperto anche dai fratelli ortodossi incantati dalla sua struttura romanico-bizantina e lo hanno scelto per due appuntamenti annuali della loro comunità. Del resto, le reliquie dei Martiri conservate dal santuario vengono dall'Oriente, dove pure è diffuso il loro culto. E' quindi diventato uno strumento del dialogo ecumenico, che si manifesta, tra l'altro, con la corrispondenza in atto anche con una comunità ortodossa greca. Il parroco di questa comunità, che si trova vicino a Salonicco, ha tanto insistito per avere una reliquia dei

Martiri finché siamo riusciti ad accontentarlo. Come riconoscenza, ci ha inviato una bellissima icona dei Martiri, che abbiamo esposto in chiesa, assieme ad un'altra proveniente da un piccolo monastero femminile ortodosso, che si trova in Italia.

Nella cappella feriale del santuario abbiamo una bella statua di Maria Bambina, rimasta qui dai tempi in cui le suore delle Sante Capitanio e Gerosa venivano a trascorrere qualche giorno di vacanza in una casa vicina al santuario. Da sempre, i devoti scrivono bigliettini con le loro richieste alla Madonna. Io conservo tali scritti e ho trovato una signora che li sta catalogando per una piccola pubblicazione, che mi sembra importante come testimonianza della devozione popolare. La pietà popolare ha infatti una notevole importanza, soprattutto nei santuari. E' in fondo l'unico modo che ha il popolo di Dio per dire la sua in merito alla fede e mi pare giusto rispettarlo. Del resto, quando vengono visitatori che vogliono una visita guidata non manco mai di accennare anche alle leggende che circondano il santuario e le vicende dei Martiri. E' curioso vedere come la gente sia interessata a capire quali sono le grazie maggiormente richieste ed allora racconto di quella coppia di sposi arrivata con due figli adolescenti dai Castelli Romani per ringraziare i Martiri per il dono dei figli. Hanno raccontato di essersi sposati qui, ma di essere rimasti a lungo senza figli. Erano poi tornati al Santuario per chiedere la grazia dei figli e questa era arrivata.

Nel santuario c'è anche un'antica cattedra vescovile in pietra del secolo XII, che la gente ha deciso serva per il mal di schiena. Capita così che mi chiedano se è vero. Io rispondo che non posso dir niente perché non soffro di mal di schiena, ma che comunque la guarigione dipende dalla fede di chi si siede nella cattedra. Una volta in cui davo tale spiegazione era presente un uomo che si è alzato contrariato dicendo: "Io ho sempre sofferto il mal di schiena, ma da quando vengo qui ogni tre anni non l'ho più sofferto". "Vedi dunque- ho concluso-che la fede funziona!".

Capitolo decimo

Prete e "impresario"

Quando ho scelto di diventare sacerdote non pensavo che sarei stato immerso in tanti impegni di carattere materiale, anche se sono stato abituato fin da piccolo al lavoro manuale. Mio papà infatti era muratore e mia mamma coltivatrice diretta. Purtroppo, il parroco era ancora visto come un factotum, che deve occuparsi di tutto, dallo spirituale alle questioni più banali. I laici potevano "aiutare", ma non si sentivano responsabili in prima persona. Penso che questo fosse dovuto anche allo stile di pastorale portato avanti da noi preti. Oggi, per fortuna, qualcosa sta cambiando, ma molto lentamente. Comunque sia, io ho dovuto sempre occuparmi attivamente di questioni materiali, tanto che ho sentito sempre grande simpatia per San Gregorio Magno, che, strappato al monastero per servire come papa la chiesa di Roma, si lamentava per il tempo che "perdeva" nell'amministrazione dei beni che la chiesa di Roma possedeva soprattutto in Sicilia, dove aveva grandi distese di grano, che servivano per soccorrere le masse di poveri oppressi dai barbari.

Nella prima parrocchia in cui sono stato ho dovuto occuparmi di un'eredità in cui erano coinvolti, oltre la parrocchia, ben sette eredi. Tutto si è risolto bene. Ho utilizzato i fondi ricavati dall'eredità per completare il restauro di un edificio parrocchiale utilizzato per la catechesi, con l'aiuto di mio padre. Io, ovviamente, facevo il manovale. Ho realizzato una bella Via Crucis all'aperto in mosaico e rinnovato i banchi delle due chiese. Per la Via Crucis ho contattato un artista locale, molto bravo, che mi ha preparato i cartoni per i mosaici, ma li ha dovuti fare due volte per accontentare la Commissione Diocesana di Arte Sacra. Per risparmiare,ho convinto mio padre, che era appena andato in pensione, a venire da me per un paio di mesi e così, oltre al lavoro citato, ha anche restaurato i capitelli sistemandovi i mosaici eseguiti dalla Scuola Mosaicisti del Friuli per un prezzo di favore, con la speranza che altri in zona avrebbero realizzato mosaici. Purtroppo, questo non è avvenuto ed è un peccato perché il mosaico è praticamente indistruttibile.

Mio padre, essendo muratore, considerava essenziale avere una casa. Così fece di tutto perché i suoi figli l'avessero. A me ed a mio fratello, che era pure muratore, diede un pezzo di terreno fabbricabile e ci aiutò a portare al tetto la struttura grezza. Mio fratello finì subito il suo appartamento per non rimanere in affitto. Io invece non avevo fretta perché a me la casa sarebbe forse servita per andare in pensione, ma mio padre era preoccupato che la finissi. Così ci mettemmo d'accordo: io avrei fatto il manovale per lui, che aveva deciso di migliorare l'appartamento dove abitava e poi lui mi avrebbe restituito le ore sistemandomi l'interno del mio appartamento perché diceva:"Chi ti aiuterà a completare l'appartamento se io muoio?" Forse sentiva che la fine era vicina. Il giorno che è morto, a poco più di 65 anni, aveva calcolato che avrebbe finito le malte interne del mio appartamento per mezzogiorno, quando sarei andato a fargli visita come facevo ogni settimana. E' morto d'infarto, anche perché aveva rifiutato un ricovero urgente in attesa che arrivasse il suo medico di fiducia. Ma è morto come voleva, senza disturbare nessuno. Mi diceva infatti, quando moriva qualcuno d'infarto: "Che bella morte!". Ed io a contestarlo dicendo che non mi sembrava una bella morte. Lui mi rispondeva:"Cosa bisogna fare allora?". Io continuavo ricordando il dovere di far testamento, cosa che aveva fatto. Poi aggiungevo che sarebbe stato necessario confessarsi, ricevere l'unzione degli infermi ed il viatico. A questo punto, mio padre perdeva la pazienza e mi rispondeva: " Se uno fa bene il suo dovere ogni giorno, non bestemmia, va a messa alla festa, fa Pasqua e prega mattino e sera, non credo sia molto importante come muore. Se invece è un lazzarone, tu ungilo fin che vuoi resta un lazzarone". Questo era mio padre. Quando due giorni dopo il funerale sono andato a vedere il lavoro che aveva fatto per me nel mio appartamento, mi sono commosso vedendo la cassa di malta fina mezza piena con la cazzuola e gli occhiali posati vicino...

Nella seconda parrocchia, un po' più grande, ho dovuto vendere la canonica vecchia ed un altro edificio per costruire poi la canonica nuova vicino alla Scuola

Materna parrocchiale. Vendere e comperare non erano operazioni semplici in tempi di forte inflazione come gli anni Settanta del secolo scorso, ma me la sono comunque cavata benino. Ho rifatto il tetto di una delle due chiese principali e la facciata della parrocchiale. Ho poi fatto restaurare il campanile dell'altra chiesa, utilizzata per la prima messa festiva ed i funerali. Ho rifatto il tetto della Scuola Materna e costruito un bella canonica in cui pensavo di restare per diversi anni. Invece il Vescovo, quando mi ero sistemato, mi ha chiesto di dedicarmi di più all'insegnamento presso la scuola del Seminario minore e agli uffici diocesani Catechistico e della Famiglia. Così, dopo solo cinque anni, ho fatto le valigie e mi sono trasferito in Seminario.

La terza parrocchia l'ho avuta come hobby domenicale perché aveva solo duecento abitanti. Ho accettato di fare il parroco in proprio perché mi ero stancato di andare a sostituire i preti nelle diverse parrocchie, spesso senza ricevere neanche un grazie, rimettendoci anche i soldi della benzina per l'auto. Nella mia parrocchietta avevo la messa domenicale alle 10.00, un orario più che comodo, poi ero libero. E' stata la parrocchia che mi ha dato più soddisfazioni, sia dal punto di vista umano che pastorale. Era proprio come una famiglia ("chiesa domestica"). Anche i non praticanti mi vedevano sempre volentieri e partecipavano alla vacanza parrocchiale di una settimana, che organizzavo ogni anno in vari luoghi d'Italia. Dal punto di vista materiale, io mi sono limitato a far eseguire il riscaldamento della chiesa e qualche lavoro in canonica. Anche l'amministrazione la curavano i laici. Io riportavo tutto "in bella copia" sui registri parrocchiali. Ho comunque stipulato un accordo con gli alpini dell'Ana, che hanno ricavato la loro sede da edifici diroccati della parrocchia, che poi ho potuto utilizzare anch'io per la pastorale. Lavorando in una vecchia stalla hanno trovato, sepolta sotto il pavimento fatto di piccoli sassi rotondi ("codolà"), una vera Santa Barbara, di cui tutti gli uomini in paese sapevano, eccetto il parroco. Sono, ovviamente, caduti tutti dalle nuvole ed hanno chiamato le forze dell'ordine, che hanno inventariato una grande mitragliatrice antiaerea con alcune casse di munizioni,oltre ad altre armi più leggere, che sono state regolarmente sequestrate. Non ho mai visto un paese più attivo e capace di mantenere le proprie tradizioni, magari inventandone di nuove. Per esempio, ricordo che gli uomini hanno deciso di ripristinare le diverse croci in legno d'acacia sistemate in luoghi significativi della montagna soprastante il paese, che erano marcite col tempo. Lo hanno fatto con impegno e poi mi hanno chiesto di benedirle. Abbiamo così organizzato una processione, che abbiamo chiamato "il giro delle croci", durante la quale ci siamo fermati per una preghiera e la benedizione davanti ad ogni croce. La processione è terminata in una grande spianata dove abbiamo celebrato la messa seguita da un sontuoso pic-nic. La cosa piacque tanto che tutti decisero ri ripeterla ogni anno come una moderna rogazione.

La quarta ed ultima parrocchia era un paese di cinquemila abitanti che già conoscevo. Me l'affidò un vescovo che aveva fatto il parroco e che vedeva la parrocchia come l'unica cosa necessaria per la pastorale. Avendo a disposizione mezzi maggiori, potei realizzare diverse cose. Ho terminato l'oratorio che era al grezzo quando sono arrivato. Ho realizzato un campo da calcio regolare, con i relativi spogliatoi ed il magazzino della Caritas, oltre ad un parco verde per le famiglie. Ho restaurato una sala parrocchiale da 150 posti e migliorato la canonica, riuscendo comunque quasi a non far debiti. Per fortuna, non ho avuto bisogno di impegnarmi nel lavoro personalmente, ma la presenza solidale con i volontari che lavoravano per la parrocchia non poteva mancare: Portavo da bere e da mangiare. Mi fermavo con loro per uno spuntino, ascoltando i loro suggerimenti, sempre preziosi.

Ora, come ho scritto, sono in un santuario bellissimo, che mi dà molte preoccupazioni per la gestione, ma mi da anche grandi soddisfazioni. Purtroppo, mi sono accorto che in passato sono stati fatti male dei lavori ed ora le modifiche necessarie saranno un costo ulteriore. Ma bisogna intervenire per risparmiare su gas ed energia elettrica. Sto anche finendo le pratiche per dotare il Santuario di un'autorimessa, che ora non c'è.

Forse, come parroco, avrei potuto coinvolgere di più il laicato, ma quando vedo quanto sono impegnati i laici nel lavoro e nella famiglia mi sembra doveroso darmi da fare per quanto posso, senza pretendere troppo da loro. C'è anche il fatto che non sempre la gente sa rispettare i ruoli e così trovi sempre qualcuno che ti vuole insegnare il mestiere, ma poi, quando hai bisogno di aiuto, diventa uccel di bosco.

Capitolo undicesimo

Giornalista per caso

Uno dei lavori, che ho fatto per hobby, è stato anche quello di giornalista. Ho iniziato per caso, collaborando ad una testata locale, sorta per contrastare il monopolio di un giornale risalente alla fine dell'Ottocento, piuttosto incline al pettegolezzo. Allora insegnavo al Liceo e firmavo i miei articoli. A chiedermi di collaborare era stata una collega insegnante e giornalista. Poi mi hanno fatto capire che, come sacerdote, era meglio non firmare, ma ho continuato a scrivere tre o quattro articoli di cronaca la settimana, senza firmare. Così ho potuto far entrare anche in un giornale laico tante notizie di carattere religioso. La paga era irrisoria, ma a me non interessava. Ho iniziato poi a collaborare con il settimanale diocesano, visto che il responsabile di zona si era ammalato e me l'aveva chiesto. Purtroppo, alcuni mesi dopo egli è morto di tumore ed il direttore del settimanale diocesano mi ha chiesto di prendere il suo posto. Me lo ha chiesto il giorno del funerale ed io ho accettato in spirito di servizio, anche perché ammiravo il direttore, che era stato mio insegnante al Liceo, ed era un vero giornalista in grado di trasformare in pochi anni un giornaletto tipo bollettino parrocchiale in un settimanale diffusissimo sul territorio, che vendeva più di ventimila copie, per lo più in abbonamento. Purtroppo, la mia scelta mi attirò l'invidia di un collega prete ed insegnante, giornalista capace, ma inaffidabile perché non aveva il senso del tempo e gli articoli li faceva quando aveva l'estro, mentre un settimanale ha tempi certi. Il direttore del settimanale diocesano ha voluto anche che mi iscrivessi all'Ordine dei giornalisti, così ho potuto fare il direttore di diversi bollettini parrocchiali, sperando che i rispettivi parroci siano saggi e non mi creino problemi, non potendo io leggere prima tutto. Finora, tutto è filato liscio.

Ho continuato a collaborare col settimanale diocesano fino ad oggi, anche quando mi hanno affidato una parrocchia impegnativa. Ora curo per lo più le notizie brevi, che colgo qua e là, che la gente apprezza proprio perché brevi. Secondo me, la curiosità è la più bella dote del giornalista, che, prima di tutto scrive per se stesso, ma interpretando il gusto di sapere di tutti. Non condivido sempre le scelte dell'attuale direttore del giornale, che tende ad essere troppo "neutro" tagliando tutti i giudizi sulle notizie, ma sono scelte sue ed ha diritto di farle. Per me però, il giornale non può solo informare. Certo, deve farlo, ma allo scopo di dare al lettore elementi sufficienti per fare scelte consapevoli, ma precise.

Come parroco, ho sempre curato il bollettino parrocchiale distribuito a tappeto in parrocchia, ad offerta libera. Lo consideravo il diario di vita della parrocchia, ma anche uno strumento prezioso di formazione per qualche articolo inserito facendo attenzione ad evitare le prediche, che vanno bene solo in chiesa. Soprattutto nella parrocchia più grossa che ho avuto, è stato un mezzo di collegamento anche con i lontani. Non nascondo che la fedeltà alle scadenze spesso mi costringeva a fare gli straordinari, anche se sono riuscito, per lo più, ad avere collaboratori affidabili. Solo in un caso mi è capitato di dover mandare al macero un numero del bollettino già stampato perché un mio collaboratore vi aveva inserito una vignetta offensiva per il Vescovo ed io non me n'ero accorto prima della stampa. Così ho perso il collaboratore, ma ne ho trovati di altri. Guai infatti a dare l'impressione ad un collaboratore che è indispensabile perché la cosa è pericolosa. C'è infatti chi si impegna di più, ma c'è anche chi tende a condizionarti e questo non va bene. La gente dice che siamo tutti utili, ma nessuno è indispensabile.

Scrivere per me è comunque un piacere e questo libretto penso lo dimostri.

Capitolo dodicesimo

Le donne della mia vita

Uno dei temi su cui mi sono confrontato (e spesso scontrato) con la gente è stato quello delle donne. E' usuale sentire persone, anche molto serie, sostenere a spada tratta la necessità di abolire il celibato dei preti per tantissimi motivi. Il più ricorrente è quello che così i preti potrebbero capire meglio i problemi della gente sposata. Qualcuno aggiunge che in questo modo, avendo una donna propria, non sarebbero tentati dalle altre... Sotto sotto c'è la convinzione che la sessualità non si possa governare ed allora è meglio assecondarla ed incanalarla.

Io, ovviamente, sono sempre stato di parere diverso. Certo, ammetto che praticare la castità può essere a volte difficile, ma non è affatto impossibile, altrimenti dovremmo dire che Dio ci ordina cose impossibili. Anche chi si sposa deve essere casto in base al sesto ed al nono comandamento. La cosa poi, secondo la mia esperienza, non è così difficile, se abbiamo i piedi per terra. Anche chi si sposa deve essere fedele ad una donna sola e la stragrande maggioranza delle persone, in base alla mia esperienza, ho visto che lo è sostanzialmente. La scelta consapevole del celibato inoltre rende più bello e chiaro il rapporto con le donne, che vengono apprezzate per le doti più importanti che hanno, quelle interiori. Per me, le donne sono come il colore in una fotografia: il bianco e nero è bello, ma il colore è tutta un'altra cosa.

Premesso questo, devo dire che le donne che hanno influenzato maggiormente la mia vita sono state soprattutto due: mia madre ed una domestica volontaria. Mia madre non era esattamente una persona affettuosa, almeno all'apparenza. Era rimasta orfana a cinque o sei anni perché la mamma era morta di tubercolosi. Aveva poi avuto una matrigna bravissima che l'aveva allevata come una figlia, ma era un tipo sbrigativo anche lei, una gran lavoratrice, che è morta d'infarto a soli 56 anni, dopo aver messo al mondo due maschi ed una femmina. Mio nonno, che amava l'indipendenza, si risposò ancora per la terza volta e riuscì a vivere altri venticinque anni con la terza moglie. Cosa curiosa è stata che tutte e tre le mogli di mio nonno si chiamavano Maria. Per questo quando, alla fine degli anni cinquanta del secolo scorso, ho visto in negozio che vendevano il panettone delle Tre Marie l'ho subito acquistato per portarlo al nonno dicendogli: "Ecco il panettone fatto apposta per te!". E lui:"Baron!" ("Canaglia!") e fece una solenne risata.

Mia mamma era stata educata in collegio dalle suore perché mio nonno si spostava sempre per lavoro. A sedici anni, o poco più, mentre lavorava nell'osteria/albergo di famiglia sull'altopiano etiopico, aveva incontrato mio padre, undici anni più vecchio di lei, e si erano innamorati. Mio padre, come si usava allora, aveva chiesto a mio nonno se gli permetteva di sposare la figlia. Mio nonno aveva risposto: "A me sembra ancora giovane per sposarsi". A questo punto, mio padre aveva deciso di tornare in Italia dove aveva una vecchia fidanzata, ma mia madre andò decisa dal papà dicendogli che era innamorata di mio padre e voleva sposarlo. Mio nonno non si scompose e le disse:"Va bene, sposati!" dandole il permesso necessario perché minorenne. Rimasero comunque in famiglia per mandare avanti l'attività, mentre mio padre faceva il muratore. Mia madre era una lavoratrice instancabile. Di giorno occupata nelle faccende domestiche o col lavoro dell'osteria, alla sera con il lavoro a maglia, anche per clienti occasionali, oltre che per i familiari. Era inoltre abbastanza abile come sarta ed aveva grandi capacità di amministratrice. Come si usa dire, aveva il naso per gli affari. Una volta tornata in Italia, con l'eredità del nonno, aveva comperato un po' di terra, aveva convinto mio padre (anche lui rientrato dopo la prigionia) a costruirle una stalla con fienile ed aveva comperato una mucca ed un maiale. In questo modo aveva assicurato il cibo a tutti noi, che eravamo arrivati a quota sei (due genitori e quattro figli). Grazie a lei, in casa nostra il cibo non è mai mancato, anche se ognuno doveva fare la sua parte nell'orto, nel campo e nei prati per la fienagione. Ciò che ho sempre ammirato della mamma è la capacità di insegnare a tutti le cose essenziali. In casa nostra tutti sapevano cucinare, pulire, rassettare la casa. Nessuno poteva restare in ozio. L'unica cosa che non ho mai capito è l'allergia al gioco, che mia mamma dimostrava. Se ci vedeva giocare, inventava qualche lavoro da fare per occuparci ed allora, vivendo in campagna, non era difficile trovare lavoretti anche per i bambini... Essendo molto religiosa, fu contentissima della mia scelta di entrare in seminario e seguì con trepidazione le diverse tappe del mio cammino. Mi accompagnò all'altare che era incinta del mio ultimo fratello, giunto "fuori tempo massimo" quando lei aveva ormai quarantatre anni. Dopo la morte del papà visse molto tempo con me in canonica, nei primi tempi assieme a mio fratello, che non era di facile gestione, esseno stato viziato da genitori anziani. Una cosa che ricordo bene è la preoccupazione che aveva per la mia onestà, soprattutto con le donne. Ricordo come disapprovasse una certa disinvoltura al riguardo di un mio cappellano. Mi ha comunque insegnato una prudenza che penso doverosa per un sacerdote. Arrivata ad 85 anni, malata e bisognosa di aiuto, non vedeva l'ora di morire. Mi diceva:"Portami al cimitero!" ed io: "Non posso perché devi prima morire". Ma mi faceva pena ed, in fondo, ero anch'io della sua stessa idea. Il Signore se la prese dopo una settimana di ospedale, ricoverata per accertamenti in vista di cure più efficaci.

L'altra donna, che ricordo ancora con tanto affetto e riconoscenza è stata una mia domestica nella prima parrocchia che ho retto. Nei primi quattro anni avevo tenuto in casa la precedente domestica del mio predecessore, che poi era tornata col cugino prete fatto ancora parroco. Sono rimasto così solo in canonica, ma la cosa non mi dispiaceva più di tanto in quanto mi arrangiavo nelle faccende domestiche e, qualche volta, anche mia mamma poteva venire per le pulizie. Avrei avuto comunque bisogno di una donna che facesse qualche ora di servizio. C'era in parrocchia una vedova anziana, sorella della mia organista, che frequentava assiduamente la chiesa anche nelle messe feriali. Aveva aiutato il fratello medico quando aveva i figli piccoli, ma ora era a casa sua senza grandi impegni. Non so come, ma ebbi l'intuizione di chiederle se poteva venire in canonica per le pulizie quando aveva tempo. Non solo mi disse di si, ma era puntuale ogni giorno alle tre del pomeriggio e se ne andava solo quando era soddisfatta del suo lavoro. Lavava le stoviglie, puliva dappertutto e, d'inverno, mi faceva funzionare la stufa perché la casa fosse calda. Visto che facevo scuola e, a volte, tornavo verso le 14, soprattutto d'inverno, mi faceva trovare il pranzo pronto in forno, con tagliatelle fatte in casa ed altri manicaretti, che mi bastavano anche per i giorni seguenti. Quando parlavo di pagarla, mi rispondeva che aveva più soldi di me con la pensione sua e quella del marito, morto per la silicosi. Così, l'unico modo che avevo per sdebitarmi era di portarla una settimana in Svizzera durante l'estate, con sua sorella sarta e organista, in visita ad un'altra sorella che aveva sposato uno svizzero da cui aveva avuto cinque figli. Era un grosso contadino, bravissimo anche ad intagliare il legno mentre accudiva le mucche al pascolo. Io non l'ho conosciuto, ma dev'essere stato una persona speciale, a giudicare dai mobili della casa e dalle opere lasciate. In questo modo mi sono fatto per vent'anni le vacanze in Ticino, visitando tutta la Svizzera, senza spendere una lira ed anche con una grossa rifusione delle spese di benzina ed auto. Anzi, quando ho dovuto cambiare l'auto, ha voluto prestarmi due milioni, rifiutandosi decisamente di riceverli quando sono stato in grado di restituirglieli. Quando è morta le mancavano tre mesi a compiere i cento anni, ma finché è vissuta le ho fatto visita frequentemente.

Altre donne sono state importanti nella mia vita, come le mie sorelle o le zie, ma nessuna ha avuto l'importanza della mamma e della prima domestica. In ogni caso, mi sono fatto la convinzione che sono le donne a mandar avanti il mondo. Non solo perché i figli li fanno loro, ma perché sanno trovare meglio dei maschi le soluzioni ai problemi che si incontrano in ogni vita. Valorizzarle di più anche nella chiesa, come sta facendo papa Francesco è senz'altro la scelta giusta. Il cosiddetto"genio femminile" andrebbe davvero sfruttato di più sia nella chiesa che nella società, ma senza trasformare in maschi le donne.

Conclusione

Ho scritto questo libricino quasi di getto, ma con tanta sincerità. Mi rendo conto che i giudizi da me espressi qua e là possano meravigliare e non essere condivisi, ma sono frutto di esperienza. Spero di non aver offeso nessuno con quanto scritto ed assicuro che comunque non l'ho fatto apposta.

Come penso di aver fatto capire più volte, ho ancora da pentirmi della scelta fatta, accettando di diventare sacerdote.

La mia vita mi ha riservato più soddisfazioni che problemi, almeno a me è parso così. L'unico rammarico è che la vita è breve e, quando ti accorgi che ci sarebbero ancora tante cose da fare, è ora di fare le valigie... Come si fa allora a non credere alla vita eterna, se ne abbiamo tanto bisogno?

Printed by Books on Demand GmbH, Norderstedt / Germany